가치 혁명

가치 혁명

저자 김원태

초판 1쇄 발행 2003. 10. 20.
개정증보판 1쇄 발행 2020. 3. 3.
개정증보판 5쇄 발행 2024. 8. 16.

발행처 도서출판 브니엘
발행인 권혁선

책임교정 조은경
책임영업 기태훈
책임편집 브니엘 디자인실

등록번호 서울 제2006-50호
등록일자 2006. 9. 11.

서울특별시 송파구 백제고분로28길 25 B101호 (05590)
마케팅부 02)421-3436
편 집 부 02)421-3487
팩시밀리 02)421-3438

ISBN 979-11-90308-14-4 03230

독자의견 02)421-3487
이메일 editorkhs@empal.com

북카페 주소 cafe.naver.com/penielpub.cafe
인스타그램 @peniel_books

도서출판 브니엘은 독자들의 원고를 설레는 마음으로 기다리고 있습니다.
위의 이메일로 간단한 기획 내용 및 원고, 연락처 등을 보내주십시오.

도서출판 브니엘은 갓구운 빵처럼 항상 신선한 책만을 고집합니다.

진정한 성공을 이룬 상위 1% 사람들의 핵심가치

가치 혁명

김원태 | 지음

 빈나월

김원태 목사님은 비전나리(visionary)이십니다. 동시에 열정적인 행동가이십니다. 그는 비전과 열정에 사로잡혀 교회를 개척하면서 셀교회와의 만남을 갖습니다. 이 책은 그 만남의 결과로 써진 책입니다. 저는 이 책이 이 시대 그리스도인을 위한 중요한 선물이 되리라고 확신합니다.

이 시대는 가치 상실의 시대입니다. 생존과 번영을 위한 몸부림은 있으나 방향은 상실한 시대입니다. 저자의 표현을 빌리면 속도는 있어도 방향이 없습니다. 이것은 그리스도인에게도 예외일 수 없습니다. 우리가 세속화의 물결에 저항하지 못한 결과입니다.

셀교회는 그리스도인의 핵심 가치에 입각한 공동체입니다. 가치 발견과 가치 설정 없이 셀교회는 절대로 성공할 수 없습니다. 그래서 저는 셀교회의 모든 목자에게 이 책을 권하고 싶습니다. 한 학기

쯤 목자가 목원들과 함께 이 책으로 나눔을 가지면 더 좋을 것입니다. 가치의 회복은 곧 하나님 나라에의 헌신으로 나타날 것입니다. 그때 우리는 진정한 그리스도의 몸의 회복을 볼 것입니다. 그리고 주의 나라가 이 땅에 임할 것입니다. 셀교회의 영광을 꿈꾸는 모든 이와 함께. 지구촌 목장에서.

이동원 _ 지구촌교회 원로목사

이번에 김원태 목사님이 「가치 혁명」이라는 참으로 소중한 책을 쓰셨습니다. 대다수 사람들은 돈, 학력, 권력, 외모, 쾌락, 인기 등이 가치 있다고 생각합니다. 그래서 그것을 얻기 위해 수단과 방법을 가리지 않는 인생을 살아갑니다. 그러다 어느 날 이것이 아닌데 하고 깨달았을 때는 이미 돌이킬 수 없게 되어 후회로 인생을 마감합니다. 잘못된 가치를 따라 살아 온 자의 결말입니다.

그러나 참된 가치를 발견하고 살아가는 사람은 살아갈수록 용기가 생깁니다. 보람이 있습니다. 하나님과 사람 앞에서 당당합니다. 그 대표적인 분이 바로 예수 그리스도이십니다. 예수님이 가장 중요하다고 여기신 것은 무엇입니까? 예수님은 무엇을 위해 사셨습니까? 그것이 가장 가치 있는 것입니다. 사람에게는 인생을 사는 속도보다 가고 있는 방향이 더 중요합니다. 정말 가치 있는 것은 잠시 있다가 없어지는 것이 아니라 영원한 것입니다. 이 세상에는 영원한 것이 없습니다.

"가치는 눈에 보이는 것이 아니라 내면세계에 있는 우선순위를 말하고 그 사람으로 하여금 계속 어떤 행동을 하게 하는 것이다." 이 책은 가치 있는 일과 잘못된 가치를 분별하는 데 도움이 되는 책입니다. 그리고 교회 공동체의 핵심 가치가 무엇인지 명쾌하게 보여주는 책입니다. 이 책이 사도행전적인 교회 공동체를 꿈꾸는 모든 이에게 필독서가 되기를 바랍니다.

김인중 _ 안산동산교회 원로목사

사람에게 가장 중요한 것은 무엇일까요? 폴 틸리히는 고대인에게는 죽음의 문제, 중세 사람에게는 죄의 문제, 그리고 현대인에게는 의미의 문제가 가장 심각했다고 말한 바 있습니다. 죽음의 수용소 아우슈비츠를 벗어나, 자신의 경험을 바탕으로 의미요법을 창안한 빅터 프랭클은 삶의 진정한 의미를 깨닫지 못하는 사람은 실존적 공허에서 오는 좌절감 때문에 정신건강에 커다란 위협을 받게 된다고 했습니다. 20세기를 빛낸 이 두 사람의 주장은 무엇입니까? 바로 인간은 자신이 살아가야 할 의미를 발견해야 한다는 것입니다.

그렇다면 의미는 언제 우리에게 다가옵니까? 그것은 가치를 발견했을 때입니다. 가치는 우리가 살아야 할 이유입니다. 가치는 우리가 이루어야 할 사명입니다. 가치는 우리를 움직이게 하는 내적 원동력입니다. 가치는 우리로 행복과 만나게 하는 안내자입니다. 평소에 존경하는 김원태 목사님은 본서에서 바로 이 점을 강조하고 있습니다.

가치 혁명! 그렇습니다. 가치 혁명을 이룰 수만 있다면 우리는 의미 있는 삶을 살 수 있을 것입니다. 가치 혁명을 이룰 수만 있다면 우리는 예수님처럼, 바울처럼 살 수 있을 것입니다. 가치 혁명을 이룰 수만 있다면 우리를 들뜨게 만드는 허상, 유명해진다는 신기루에서 벗어날 수 있을 것입니다. 가치 혁명을 이룰 수만 있다면 우리의 교회는 정녕 주님을 기쁘시게 할 수 있을 것입니다.

김원태 목사님은 셀교회를 추구해 가시는 분입니다. 저는 그분의 말씀, 그분의 움직임, 그분의 표정에서 의미를 발견한 사람, 가치를 발견한 사람의 모습을 봅니다. 훗날 그분은 분명 우리에게 말할 것입니다. "그리스도는 나의 유일한 의미였습니다. 그분의 복음은 나의 유일한 가치였습니다. 나는 그분으로 말미암아 행복했습니다."

본서는 예수님처럼 살아가고자 하는 우리에게 잔잔한 도전을 줍니다. 김 목사님이 도전한 다음 말이 제 마음에 여운을 남깁니다. "우리는 인생을 한 번밖에 살지 않는다. 별 가치도 없는 일에 당신의 시간과 은사와 인생을 다 낭비하겠는가? 아니면 하나님의 사람으로 쓰임받는 인생을 살겠는가?"

정삼지 _ 제자교회 담임목사

이 책을 읽고 변하지 않는다면 책을 건성으로 읽었을 것입니다. 나는 수없이 많은 목사님을 만나면서 김원태 목사님이 진짜인 것을 체험했습니다. 그분은 진정한 가치 혁명을 경험한 목회자이며 기쁨의 교회의 수많은 리더에게 가치 혁명을 경험하게 한 장본인입니다. 나는 이 책을 손에 잡는 순간 한 번에 숨을 죽이며 끝까지 읽어버렸습니다. 삶을 변화시킨 이 책을 읽으며 속이 후련함을 느끼지 않을 수 없었습니다. 마치 맑은 공기를 마신 것 같았습니다. 굶주린 영혼이 하나님의 풍요로움을 배불리 마음껏 경험하며 내가 어떻게 무엇때문에 살아야 하는지 너무나 뚜렷해졌습니다.

나는 하나님 나라의 가치와 성경적인 교회를 위한 김 목사님의 열심과 그 열매를 지켜보면서 한국교회의 미래를 봅니다. 건강한 교회비전에 사로잡힌 목회자와 교회는 가치와의 전쟁을 선포합니다. '세상 가치가 교회와 가정의 가치를 제자화할 것인가? 교회와 가정의 가치가 세상을 제자화할 것인가?' 이 책을 읽고 난 후 당신은 결정하게 될 것입니다.

본질이 바뀌어야 열매와 삶이 바뀝니다. 껍데기를 바꾸면 한때 뿐입니다. 이 책이 당신의 가치를 바꿀 수 있도록 허락한다면 하나님의 나라와 주님의 다스림에 목말라하는 모든 이가 건강한 신앙과 교회의 본질을 경험할 수 있을 것입니다.

정진우 _ 전, NCD Korea 대표

「가치 혁명」을 쓴 지 17년이 지났다. 그동안 본서를 사랑해주신 수많은 성도에게 감사드린다. 이제 다시 이 책을 수정 보완하여 독자들에게 내어놓음을 감사한다.

사람은 무엇을 위해 사는지를 분명히 해야 한다. 이 책을 읽으면 내가 어디를 향하여 살아야 하는지와 우리 교회가 어디로 가야 하는지가 분명해진다. 독일의 철학자 괴테는 "중요한 것은 우리가 지금 어디에 있느냐보다는 어디를 향하고 있는가이다"라고 말했다. 우리가 서 있는 곳이 어디인지 아는 것도 중요하다. 그러나 그보다 정말 중요한 것은 우리가 어디로 가야 하는가를 분명히 아는 것이다. 방향을 바로 잡은 자는 언젠가 목적지에 도달할 것이다.

지금 전 세계 교회가 변화하고 있다. 세계의 교회들이 기성교회에서 셀교회로 전환하고 있다. 이것은 마지막 시대에 마지막 대추수를 위한 하나님의 강력한 무기인 듯하다. 세상은 변하고 있다. 변화를 받아들인다는 것은 위기와 불편함을 가져다주기에 싫어한다. 그러나 우리가 성장하려면 변화를 받아들여야 한다.

내 인생에 예수님과 아내를 제외한 최고의 만남은 셀교회와의 만남이었다. 교회를 개척하고 한국 NCD를 통한 셀과의 만남은 정말 어두운 터널에 갇힌 나에게 거대한 빛으로 다가왔다. 나는 셀을 만남으로써 주님을 알지 못하던 자들에 대한 엄청난 가치의 변화가 일어났다. 전에는 의도적으로 불신자와의 만남을 꺼렸다. 그러나 이젠 불신자와의 만남이 새롭고 흥미롭고 재미있고 신난다.

내가 만약 셀을 만나지 못했더라면 접시 돌리는 마술사처럼 되었을 것이다. 접시를 돌리는 마술사는 한두 개의 접시를 돌릴 때는 잘한다. 그러나 접시가 10개쯤 되면 얼마나 힘들어하는지…. 마술사의 손길이 닿은 접시는 살고 마술사의 손길이 멀어진 접시는 죽어간다. 그리고 여기저기 죽어가는 접시를 살리느라 지쳐버린 불쌍한 마술사가 바로 교회 담임목사일 것이다. 여기저기서 목사를 만나려는 사람이 즐비하다. 목사를 만나면 사역이 살고 교회조직이 산다. 그러나 목사를 만나지 않으면 모든 사역이 다 시들시들해진다. 결국 목회자는 자기 관리가 힘들어지고 가정에 어려움을 주며 지쳐 탈진할 것이다. 그렇게 열심히 한다고 해서 천국에서 상급이 있는 것도 아니다.

이제는 목사도 심방이나 사역에 모든 에너지를 쏟을 것이 아니라 불신자 전도에 초점을 맞추어 교회 사역의 방향을 전환하여야 한다. 정말 모든 성도에게 가장 중요한 가치는 사역이나 교회 일이 아니라 영혼 구원이다. 모든 교회가 새로워지려면 불신자에 대한 가치의 변화가 일어나야 한다. 우리 교회는 셀교회로 전환하고 얼마나 신나는지 모른다. 나는 우리 교회만 생각하면 천국의 아름다운 음악이 귀에 들려온다.

목회하면 할수록 더욱더 어렵게 느껴지기만 하는 분이 이 책을 보면 생수를 만난 듯 시원하게 될 것이다. 이 책은 기성교회의 정체된 틀에서 탈피하고자 새로운 방향을 모색하는 분, 그 대안으로 셀교회로 전환하려는 분이 읽어야 할 책이다. 또한 이 책은 셀 멤버 모두가 읽어야 할 책이다. 특히 셀 리더가 꼭 읽어야 할 책이다.

이 책은 인생의 참 가치를 모른 채 인생을 낭비하는 사람과 인생의 참 가치가 무엇인지 궁금해 하는 사람에게 명쾌한 답을 줄 것이다. 이 책을 읽는 독자는 절대 후회하지 않는 인생을 사는 비결을 알게 될 것이다. 그래서 나는 모든 교인에게 이 책 읽기를 강력히 권한다.

기성 교인끼리 만나서 하는 이야기 대부분은 정말 생산력도 없고 가치 없는 경우가 많다. 이제 우리는 영양가 있는, 가치 있는 일을 말하고 생각해야 한다. 그리고 우리의 고민이 정말 가치 있는 고민인가 생각해 보아야 한다. 만일 가치 없는 고민이나 사치스러운 고민이라면 과감히 버려야 한다. 이제는 하나님이 원하시는 가치에 시간과 돈을 투자해야 한다.

사람은 두 번 살지 않는다. 우리는 주위에 있는 사람들에게 참 가치를 전해야 하는 사람이다. 사람은 누구나, 언제, 어디서든 영향을 끼치는 존재이다. 사람을 가장 부유하게 만드는 것은 가치다. 가치가 천한 사람은 천한 인생을 살고 가치가 존귀한 자는 존귀한 인생을 산다.

무엇이 가치 있는 것인지를 올바로 알기 위해서는 우리는 인생의 설계도인 성경의 가치를 알아야 한다. 성경은 우리 인생을 값어치 있게 만들어주고, 만물에 생명을 주는 것은 예수님을 따라 사는 일이라고 말한다. 우리가 성경을 믿는다면 그 가치를 따라 살기 위해 전심으로 힘써야 한다. 이 세상에서 예수님이 보여주신 삶의 가치를 따라 사는 사람이 가장 지혜로운 사람이다. 이 책을 통해 주님께 선택받은 자들이 예수님의 가치를 따라 가장 고귀한 인생을 살아가게 되길 기도한다.

이 책의 내용은 랄프 네이버와 빌 벡햄, 짐 에글리 등의 NCD 강사에게서 좋은 영향을 받았다. 그들 모두에게 감사드리고 싶다. 이 책은 혼자 읽어도 좋지만 가능하면 10명씩 조를 만들어 같이 읽고 나누면 큰 도움이 될 것이다. 이 책은 총 6장으로 되어 있다. 각 장을 마칠 때마다 〈가치 나눔터〉라는 점검표가 있다. 이것을 서로 나누면 가치를 바꾸는 좋은 시간이 될 것이다.

언제나 책이 나오기까지 나의 격려자이며 가장 힘이 되어주는 사랑하는 아내에게 고마움을 전한다. 그리고 부족한 사람을 위해 늘 기도해주고 섬겨주시는 수지 기쁨의교회 모든 교우에게 깊은 사랑을 전한다.

글쓴이 김원태

C·O·N·T·E·N·T·S
차 례

가치란 무엇인가?

뉴욕 시 부유한 엘리트층이 사는 지역에 큰 부자가 살고 있었다. 그는 오랜 세월 동안 수많은 골동품을 모아 왔다. 어느 날 6개월 동안 유럽 여행을 하게 되었는데, 그에게 큰 고민이 생겼다. '내가 모아둔 이 골동품을 누군가 가져가면 어떻게 할까.' 걱정이 되어 잠이 오지 않았다. 최신형 도난방지기를 설치하고 무서운 개를 두었어도 마음이 불편했다.

여행을 떠나기 직전에 좋은 생각이 난 그는 곧바로 뉴욕 뒷길에 있는 화방에 가서 수많은 그림을 싼 가격에 구매하였다. 그는 그림 밑에 가격표를 붙이기 시작했다. 그림마다 십만 달러, 이십만 달러, 삼십만 달러 등 기분이 내키는 대로 가격표를 붙여두었다. 그 어마

어마한 가격표를 붙인 가짜 그림들을 자신이 아끼는 소중한 골동품 사이사이에 두었다.

그는 가벼운 마음으로 여행을 떠났다. 6개월의 여행을 마치고 집에 돌아와 보니 아니나 다를까 집에 도둑이 들었다. 자신이 아끼는 진기한 골동품은 그냥 두고 가짜 그림만 몽땅 없어지고 말았다. 좀도둑이 골동품 주인에게 속은 것이다. 그는 잘못된 가격표에 속아 아무 가치 없는 것들을 가져가기 위해 목숨을 걸었던 것이다.

오늘날 수많은 사람이 뉴욕의 좀도둑처럼
사람들이 가짜로 붙여놓은 가격표에 큰 가치를 두고
자기 인생이라는 소중한 귀중품을
한낱 싸구려 가치와 바꾸고 있다.

세상 사람들은 돈이 가치 있다고 한다.
세상 사람들은 학력이 가치 있다고 한다.
세상 사람들은 권력이 가치 있다고 한다.
세상 사람들은 외모가 가치 있다고 한다.
세상 사람들은 쾌락이 가치 있다고 한다.
세상 사람들은 사람들의 인기가 가치 있다고 한다.
그러나 이 모든 것은 잘못된 가치다.

크고 호화스러운 집, 더 크고 더 멋있는 차, 화려하고 멋진 좋은 옷, 배우자 몰래 만나는 성적인 쾌락, 거짓으로 좀 더 높은 위치에 오르는 것, 이름이 더 알려지는 것, 더 유명해지는 것. 이런 것을 추구하기 위해 자기 시간과 에너지를 다 사용하는 자는 뉴욕 시에 있는 좀도둑과 같은 자이다. 우리는 속지 말아야 한다. 사람들이 붙여놓은 가격표에….

가치란 무엇인가?

브리태니커 백과사전에서는 가치에 관해 다음과 같이 정의하고 있다. "어떤 사물, 현상, 행위 등이 인간에게 의미 있고 바람직한 것임을 나타내는 개념." '가치'라는 용어는 본래 어떤 것의 값을 뜻했으며, 18세기 정치경제학자 아담 스미스의 저서에서 볼 수 있듯이 주로 '교환가치'라는 경제학적인 의미로 쓰였다. 현대인들에게 가치라는 것은 내가 시간과 재물을 투자할 만큼 소중하게 여기는 것을 말한다.

가치는 눈에 보이는 것이 아니라
내면세계에 있는 우선순위를 말하고,
그 사람으로 하여금 계속 어떤 행동을 하게 하는 것이다.

돈에 가치를 둔 사람은 돈을 버는 곳이면 아무리 먼 곳이라도 어디든지 갈 것이다. 그는 돈을 벌 수 있다면 사람도 죽일 수 있고 무슨 일이든지 할 것이다. 왜냐하면 돈에 최고의 가치를 두었기 때문이다. 영화에 가치를 두는 사람은 무슨 일이 있어도 영화를 볼 것이고, 아무리 시간이 부족해도 영화 볼 시간을 만들 것이다.

맛있는 음식을 먹는 일에 가치를 둔 사람은 한 끼의 식사를 위해서 몇 시간을 운전해서 좋은 식당을 찾아갈 것이고, 아무리 값비싼 음식이라도 사먹는 일을 주저하지 않을 것이다. 입는 옷에 가치를 둔 사람은 빚을 내서라도 절기마다 옷을 사 입고 민감하게 유행을 따라갈 것이다. 사람에게는 누구든지 자신이 중요하다고 느끼는 저마다의 가치가 있다. 사람은 누구나 자신이 가치 있다고 생각하는 일을 향해 달려간다.

가치는 눈에 보이는 것이 아니고
눈에 보이지 않는 내면세계에 있는 것이다.

바다에 떠 있는 배는 사람들 눈에 보이는 배의 크기나 외형에 의해 움직이는 것이 아니라 사람들의 눈에 보이지 않는 물밑에 있는 기관이나 프로펠러나 키에 의해 움직인다. 아무리 아름다운 배라도 물밑에 있는 것들이 부실하거나 작동하지 않는다면 그 배는 곧 가라앉고 말 것이다.

마찬가지로 사람을 움직이는 것도 그 사람의 내면세계에 있는 가치다. 가치는 또 나무의 뿌리와도 같다. 나무의 열매를 결정하는 것은 뿌리이다. 나무의 생명은 뿌리에 있다.

당신은 무엇에 가치를 두고 있는가?
지금 한번 생각해보라.

나는 무엇을 가치 있다고 생각하는가?

돈인가?
가족인가?
일인가?
인기인가?
학력인가?
보람인가?
성공인가?

사람은 누구든지 가치를 가지고 있다. 만약 돈이 정말 가치 있는 일이라면 예수님은 이 세상에 오셔서 돈 버는 일만 하셨을 것이다. 만약 유명해지는 것이 가치 있는 일이라면 예수님은 오병이어의 기적을 일으키신 후 사람들이 예수님을 왕으로 세우려고 할 때 산속으로 피하지 않으셨을 것이다. 예수님께서 돈이나 유명이나 권력이 가장 가치 있는 것이라고 하지 않으셨다는 것은 정말 진정한 가치가 다른 곳에 있다는 반증이다.

> 예수님께서 가장 중요하다고 여기신 일은 무엇인가?
> 예수님은 무엇을 위해 사셨는가? 그것이 가장 가치 있는 것이다.

속도냐 방향이냐?

평범한 사람들은 보통 열심히 살면 된다고 한다. 열심히 사는 것은 정말 중요하다고 한다. 정말 열심히 살기만 하면 되는가? 큰 배가 태평양을 항해하고 있다. 배 안의 선장은 배를 조종하다가 자주 묻는다. 지금 배가 바다 한가운데 있지만 배의 위치가 위도 몇인지, 경도 몇인지 묻고, 지금 가고 있는 방향이 어디인지 묻는다.

그런데 어떤 선장은 배의 방향은 묻지 않고, 그냥 속도만 내라고 한다. 그 선장은 키잡이 선원에게 속도를 내라고 고함치기만 한다. 키잡이 선원이 선장에게 "어느 방향으로 속도를 내야 합니까?"라고 할 때, 선장이 버럭 화를 내면서 "방향은 알 필요 없다. 다만 속도만 내라"고 한다면 그는 선장의 자격이 없는 것이다. 아니 그 선장은 당연히 알고 있어야 할 방향을 알지 못하며 다른 사람을 잘못된 방향으로 인도하기 때문에 그 배에 타고 있을 자격이 없다. 그런 선장은 배에서 당장 내려야 한다.

현명한 선장은 배가 가고 있는 속도보다 어느 방향으로 가는지에 더 관심을 가질 것이다. 우리 인생도 마찬가지다. 우리가 지금 열심히 살면 된다고 말하는 것은 어리석은 일이다. 열심히 사는 것보다 더 중요한 일은 내가 지금 어디로 향하여 살고 있는가 하는 점이다. 내가 가고 있는 목적지가 어딘지 모르면서 열심히 살기만 하면 된다는 사람은 살 자격이 없는 사람이다. 아니 그는 차라리 살지 않는 편이 좋을지 모른다.

사람은 인생을 사는 속도보다 가고 있는 방향이 더 중요하다.
오늘날 현대인들은 속도에 관심이 많다.
내 동료들보다 좀 더 빠른 승진,
내 친구들보다 좀 더 많은 재산을 모으는 것,
내 주위에 있는 사람들보다 좀 더 유명해지는 것…
온통 속도에 관심을 집중하고 산다.
그러나 그 속도보다 중요한 것은 방향이다.

당신은 지금 어디를 향하여 가고 있는가?
왜 거기로 가고 있는가?
정말 거기로 가는 것이 맞는가?

당신 인생의 종착지는 어디인가?

천국인가? 지옥인가?

사람이 죽을 때 더 열심히 일하지 못한 것을 후회할 사람이 몇이나 되겠는가? 사람들은 만날 때마다 바쁘다고 한다. 무엇을 위해 바쁜 것인가? 자신이 지금 어디로 가고 있는지도 모른 채 바쁘기만 한 사람들은 하나님이 주신 귀한 인생을 다 낭비하고 있는 것이다.

우리는 인생을 단 한 번밖에 살지 않는다. 그러기에 가치를 잘 정해야 한다. 잘못하면 인생을 청산하는 날 후회하게 될 것이다. 사탄은 말한다. 죽으면 다 끝이라고. 그러나 그것은 이 세상에서 가장 큰 거짓말이다. 성경은 이렇게 말한다.

"한 번 죽는 것은 사람에게 정해진 것이요 그 후에는 심판이 있으리니"(히 9:27).

사람이 죽는 것은 정해진 이치다. 그리고 그 이후에는 반드시 심판이 있다는 것이다. 사람은 누구나 한 사람도 예외 없이 죽는다. 그렇다면 죽음 이후를 생각해야 하지 않겠는가?

엄마 배 속에 있는 태아는 10개월 동안 손과 발이 완성된다. 모태 안에서는 손과 발이 필요하지 않다. 그런데 태아는 왜 손과 발을 가지는가? 태어나면 만질 물건이 있기에 손이 준비되고, 태어나면

디딜 땅이 있기에 발이 준비되는 것이다. 우리가 이 땅에 살면서 왜 천국을 준비하는가? 죽음 후에 영원히 살 천국과 지옥이 있기 때문 이다.

정말 가치 있는 것은
잠시 있다가 없어지는 것이 아니라 영원한 것이다.
그러나 이 세상에는 영원한 것이 없다.

사람이 탐하는 권력도 영원하지 않고, 기업도 영원하지 않으며, 국가도, 산과 바다도, 지구도 영원하지 않다. 그러나 하나님의 권세 는 영원하다. 신기하게도 하나님은 사람에게 영원을 사모하는 마음 을 주셨다.

"하나님이… 사람들에게는 영원을 사모하는 마음을 주셨느니 라"(전 3:11).

우리가 그렇게 중요하게 여기는 재물이나 학력이나 권력은 모두 다 쉽게 지나간다. 우리가 그토록 걱정하며 가슴 조이는 모든 슬픔과 눈물과 염려와 고통은 다 짧은 시간 속에 있다가 사라진다. 이 세상 의 시간이 순식간에 지나고 우리는 곧 영원의 세계로 들어갈 것이다.

이 하얀 종이가 영원이라고 가정한다면 인류의 모든 시간은 이

종이 위에 있는 한 점에 불과하다. 우리는 영원 속에 있는 한 점을 위해 사는 것이 아니다.

우리는 영원을 위해 창조되었다. 당신은 어디에서 영원을 보내려고 하는가?

> "나는 어떤 것의 가치를 매길 때 그것이 지니는 영원한 가치를 기준으로 측정한다." _ 존 웨슬리

당신의 가치는 무엇인가?

가치란 무엇인가? 가치는 자신의 내면세계에서 가장 먼저 우선순위를 차지하는 것이다. 그 가치는 다른 사람이 시키지 않아도 계속 행동하게 하는 힘을 가지고 있다. 사람들은 자기가 가치 있다고 생각하는 것을 행동하고, 그 행동하는 것을 가치로 여긴다.

가치를 가지고 있지 않은 사람은 아무도 없다.
그러나 가치를 가지고 있느냐가 중요한 것이 아니라
어떤 가치를 가지고 있느냐가 중요하다.

"당신의 가치가 무엇인가?"라고 물어도 그냥 곰곰이 생각만 하

고 쉽게 대답하지 못하는 사람이 많다. 나는 당신이 중요하게 여기는 가치가 무엇인지 말하지 않아도 당신의 가치를 금방 알아낼 수 있다. 지금 당신이 어디에 돈을 사용하고, 어디에 시간을 쓰고 있는지를 보면 당신의 가치가 무엇인지 알 수 있다.

당신은 돈을 어디에 사용하는가?
당신은 시간이 생기면 무엇을 하는가?

영화를 보는 사람이 있고, 낚시를 가는 사람도 있으며, 가족과 함께 행복한 시간을 보내는 사람도 있다. 그렇지 않으면 온종일 운동만 하는 사람이 있고, 도서관에서 책을 읽는 사람도 있으며, 백화점이나 시장에서 쇼핑을 즐기는 사람도 있다.

여유 시간과 돈이 생길 때 하는 행동을 보면 그 사람의 가치를 알수 있다. 외모에 가치를 두는 사람은 틈만 나면 거울을 보고, 틈만 나면 옷을 사 입는다. 그러나 한 영혼의 소중함에 가치는 두는 사람은 주중에 불신자를 만나기 위해 꼭 시간을 들이고 물질을 투자한다.

가치가 한 사람의 행동을 결정한다

돈에 가치를 둔 사람은 모든 일을 돈으로 생각한다. 돈에 가치를 둔 사람은 아내를 위해 꽃을 사는 일을 낭비라고 생각한다. 돈에 가치를 둔 사람은 자녀가 화분이나 도자기를 깼을 때 굉장히 화를 낸다. 그러나 자녀에게 가치를 둔 사람은 화분이나 도자기가 깨졌을 때 아이가 다치지 않았는가를 먼저 염려한다.

사람들이 보통 말하는 가치는 진짜 가치가 아닐 수 있다. 가족을 사랑하는 것이 최고의 가치라 말하면서 시간이 생길 때 가족에게 시간과 돈을 쓰지 않으면 그의 말은 거짓이다. 내 인생의 가치는 아내라고 말하면서 아내에게 시간을 사용하지 않고 아내를 위해 돈을 쓰지 않는다면 그 말은 거짓이다. 기도가 가치 있는 일이라고 말하면서 기도하지 않는 사람은 기도에 가치를 두는 사람이 아니다. 정말 기도에 가치를 두는 사람은 틈만 나면 기도한다.

다니엘은 기도에 얼마나 가치를 두었는지 사자 굴속에 들어가기 직전에도 기도하였다. 그의 기도는 자신을 살려달라는 기도가 아니었다. 그는 기도에 가치를 두었기 때문에 마지막까지 기도한 것이다. 그는 기도하다 죽기로 결심한 사람이었다. 왜 그랬는가? 기도하는 것이 그에게는 무엇보다도 가치 있는 일이었기 때문이다.

어느 대학 총장이 병원에서 죽게 되었다. 의사는 그 총장에게 당신은 30분 후에 죽게 될 것이니 준비하라고 하였다. 보통 사람 같으면 자신이 죽기 직전에 곁에 있는 가족뿐 아니라 떨어져 있는 가족들도 불러 모을 것이다. 그리고 이런저런 말을 남길 것이다.

그런데 죽음을 앞둔 이 총장은 곁에 있던 모든 가족을 내보내고, 간호사에게 자신을 일으켜 세워달라고 하였다. 그리고 무릎을 꿇게 해달라고 하였다. 그러고는 30분 동안 온 세상을 위해 간절히 중보 기도하다가 주님께로 돌아갔다. 그는 정말 기도에 가치를 둔 사람이 었다.

가치란 무엇인가?

1. 당신이 만약 지금 10억을 가지고 있고 1년 후에 죽는다면 시간과 돈을 어디에 쓰겠습니까? 가장 먼저 하고 싶은 순서대로 적어보세요. 그리고 서로 나누어 보세요.

2. 당신은 지금 어떻게 살고 있습니까? 혹시 시간에 떠밀려 사는 시계처럼, 아니면 방향을 향해 나아가는 나침반처럼 그렇게 살지는 않습니까? 솔직히 나누어 보세요. 또 지금 포기해야 할 속도가 무엇인지도 나누어 보세요.

3. 당신이 가장 가치 있다고 여기는 것은 무엇입니까? 정직하게 5가지만 우선

   순위를 적어보세요.

   1)

   2)

   3)

   4)

   5)

4. 참으로 가치 있는 삶을 살도록 서로를 위해 기도하는 시간을 가져보세요.

C · H · A · P · T · E · R · 2

—

3가지 거짓된 가치

#돈
....

　　성경에는 예수님께서 공생애를 시작하실 때 광야에서
사탄에게 시험받은 장면이 나온다. 예수님은 40일 동안 금식하신
후 너무나 지치고 배고픈 상태였다. 사탄이 다가와서 처음으로 한
시험은 돌로 떡을 만들어 먹으라는 것이었다. 예수님은 이 유혹을
물리치셨다. 예수님에게는 먹는 것이 중요한 가치가 아니었다.

　　이것을 오늘날의 말로 하면 돈을 가지라는 것이었다. 돈이 있으
면 무엇이든지 먹을 수 있다. 그러나 예수님에게는 돈이 중요한 가
치가 아니었다. 예수님은 사람이 떡으로만 살 것이 아니라 하나님의

말씀으로 살리라 하시며 말씀에 가장 큰 가치를 두셨다.

　학창 시절에 읽었던 〈진주 목걸이〉에 관한 이야기가 기억난다.
　가난했던 한 여인이 파티에 참석하기 위해 부자 친구에게서 진주 목걸이를 빌렸다. 불행하게도 여인은 파티장에서 그만 목걸이를 잃어버리고 말았다. 여인과 여인의 남편은 친구의 진주 목걸이를 사기 위해 오랜 시간을 투자하고 많은 것을 포기했다. 그 부부는 엄청난 가격의 진주 목걸이를 사기 위해 먹고 싶은 것을 참아내고, 입고 싶은 옷 한 벌 사 입지도 못하였다. 그렇게 그들은 밤낮으로 고생한 끝에 드디어 진주 목걸이를 사게 되었다.
　그리고 여인은 새로 산 목걸이를 가지고 친구를 찾아갔다. 친구는 여인을 보고 왜 이렇게 얼굴이 늙어 보이느냐고 물었다. 여인은 친구의 말에 왈칵 눈물을 흘리면서 말없이 진주 목걸이를 내밀었다. 그러면서 늦게 가지고 와서 미안하다고 짤막하게 덧붙였다. 그 순간 목걸이를 본 친구는 깜짝 놀랐다. 그 여인이 내민 목걸이가 진짜였기 때문이었다. 친구는 여인에게 자기가 빌려준 목걸이는 진짜가 아니라 가짜 진주였기에 돌려주지 않아도 된다고 말하였다. 그 말을 들은 부부는 거의 실신 상태가 되었다. 과연 누가 이들의 인생을 보상해주겠는가?

　이 이야기는 잘못된 가치에 빠지면 인생을 망치고 만다는 사실을 우리에게 들려준다. 평범한 사람들은 흔히 돈에 가치를 두고 산다. 돈을 사랑하는 것이 인간의 본능인지도 모른다. 돈이 우상인 사람의 인생은 돈이 서서히 좀먹어간다.

미국 최고의 가수였던 엘비스 프레슬리는 엄청난 부를 가지고 살았다. 그가 얼마나 부자였던지 개인전용 헬리콥터도 있었다. 그런 그가 죽기 1주일 전에 이런 광고를 하였다.

"나를 보통 사람처럼 평온하게 일주일만 살게 해준다면 100만 불(약 12억)을 주겠다."

그러나 아무도 그에게 평온과 평안을 줄 수 없었다. 결국 그는 불안과 두려움 속에 살다가 42세의 나이로 비참하게 죽고 말았다.

돈은 분명 우리에게 편리함을 준다.
큰 집에 살면 작은 집에 살 때보다 더 편하다.
그러나 돈은 평안을 주지는 못한다.

이 세상을 사는 데는 돈이 필요하다. 하지만 돈을 벌기 위해 우리 인생을 다 낭비할 수는 없다. 돈으로부터 자유하지 않은 사람은 돈에 사로잡힌 자이다. 아무리 많은 돈을 가져도 평안하지 못하다면 그 사람은 사는 게 아니라 죽어가고 있는 것이다. 큰 인물은 돈을 버는 것에 가치를 두거나 목숨을 걸지 않는다.

존 웨슬리가 집에 불이 났을 때 한 행동은 우리에게 감동을 준다.

어느 날 존 웨슬리의 집에 불이 났다. 집을 관리하는 집사가 급하게 뛰어와 말했다.

"선생님, 큰일 났습니다. 선생님의 집이 불타고 있습니다."

존 웨슬리는 불타오르는 자기 집을 보면서 이렇게 말했다.

"주님, 감사합니다. 제가 관리해야 할 짐이 하나 덜어졌군요."

평범한 사람은 재산이 없어지면 절망한다.
그러나 큰 인물은 재산이 없어져도 담담하다.
그 재산에 별 가치를 두지 않기 때문이다.

금광의 호경기는 계속되지 않는다. 한때 금광이 발견되었던 땅이 지금은 황폐한 사막으로 남아 있다. 오직 바람만 휑하게 불뿐이다. 그곳은 이제 고요하고 모래뿐이며 이름 모를 거리엔 공허함만이 가득 차 있다. 세상의 그 유명한 기업들의 평균 수명이 40년이라고 한다. 세상의 부는 영원하지 않다는 것을 보여주는 예이다. 돈으로부터 자유롭지 않은 사람은 돈의 노예이다. 선한 일을 위해 돈을 자유롭게 사용할 수 있는 사람은 돈의 주인이며, 돈이 어디에 쓰여야 하는지를 아는 자유인이다.

자신의 아파트를 갖는 것을 인생의 목적으로 삼는 사람이 있다. 그는 평생 돈을 벌어 아파트 한 채를 갖기 위해 맛난 것도 먹지 않고, 친구들과 어울려 놀지도 않으며, 절약하고 노력하여 나이 들어

드디어 아파트를 소유하게 된다. 그러나 그 사람이 아파트를 소유하고 난 후에는 어땠을까? 아마도 그는 후회했을 것이다. 아파트 한 채를 얻기 위해 전 인생을 낭비한 것을 한탄했을 것이다. "내가 평생 살면서 모은 것이 고작 아파트 한 채였단 말인가!" 하며 나머지 인생 동안 한숨을 내쉴 것이다.

이런 말이 있다. "돈을 잃은 사람은 조금 잃은 것이다. 건강을 잃은 사람은 많이 잃은 것이다. 인격을 잃은 사람은 다 잃은 것이다." 우리는 돈에 대한 가치가 달라져야 한다. 인생에는 분명 돈이 필요하다. 하지만 돈은 우리의 목표가 아니다. 우리가 목표를 향해 가는 데 도움을 주는 도구일 뿐이다.

존슨&존슨 사는 1886년에 로버트 존슨이라는 사람이 설립하였다. 그는 고통과 질병의 경감이라는 이념을 내세웠다. 1982년 존슨&존슨 사에서 만든 타이레놀 병에 누군가가 시안화물을 넣어 시카고 지역에서 7명의 사망자를 내었다. 존슨&존슨 사는 사건이 시카고 지역에서만 발생했음에도 불구하고 즉각 미국 전 시장에서 타이레놀을 회수했고, 전 국민에게 위험을 알렸다. 이 일로 인해 존슨&존슨 사는 모두 1억 달러의 비용과 2,500명의 인력을 동원했다.

〈워싱턴 포스트〉 지는 존슨&존슨 사는 이 사건을 통해 비용이 들더라도 옳은 일이라면 반드시 한다는 기업 이미지를 소비자에게 심어주는 데 성공하였다고 보도했다. 결국 이 일로 존슨&존슨 사는 소비자들에게 더 큰 신뢰를 얻어 기업이 번창할 수 있었다.

#유명

예수님께서 광야에서 40일 금식하신 후 사탄에게 받은 두 번째 유혹은 예루살렘 성전 꼭대기에 올라가서 뛰어내리라는 것이었다. 천사가 나타나서 예수님을 받으면 성전에 몰린 사람들이 그 광경을 보고 박수갈채를 보내며 유명해질 것이라고 하였다. 사탄은 예수님에게 유명을 가치로 잡으라고 하였지만 예수님은 유명은 가치가 아니라며 거절하셨다.

사탄은 오늘날도 여전히 이와 똑같은 유명의 유혹을 우리에게 던진다. 오늘날은 매스컴에 자신을 알리는 데 관심이 참 많다. 세상에서 유명해지면 좋은 점도 있지만 그 사람의 영성이 죽고 인격이 파괴되는 경우가 많다.

사도 바울은 과거에 성공에 깊은 관심이 있던 자였다. 그는 가브리엘 문하생이었고, 로마 시민권을 살 수 있을 만큼 재력 있는 재벌 2세였다. 그는 당시 예루살렘 명사록에 자신의 이름이 기록될 만큼 유명한 사람이었다. 그는 성공 신화에 빠진 자였다. 그는 성공을 위해서는 무엇이든지 하는 사람이었다.

사울이 살았던 유대 사회는 종교사회였기에 그는 더 높은 명성을 얻기 위해 제사장들에게 찾아가 자신의 유명을 도울 수 있는 길이 무엇인지 알아보고, 기독교인들을 죽이는 일에 뛰어든다. 그는 기독교인들이 모이는 장소에 찾아가서 어른이나 아이 할 것 없이 길에 내동댕이치고 채찍질하며 그들을 체포했다.

사울의 명성은 점점 높아만 갔다. 그는 자기 앞에서 스데반이라는 사람이 돌에 맞아 비참하게 죽어가도 눈 하나 깜짝하지 않은 냉혈동물과 같은 사람이었다. 그는 성공을 위해서는 무엇이든지 하는 사람이었다.

그는 다메섹이라는 곳에 기독교인들이 있다는 소식을 듣고, 그 뜨거운 태양 열기에도 불구하고 성공을 향해 달려갔다. 그러나

바울은 다메섹에서 예수님을 만난 후
그의 전 인생이 바뀌고 말았다.
그의 가치에 큰 변화가 온 것이다.
그는 평생의 가치로 삼아온 성공이라는
가치를 배설물처럼 버렸다.

더는 이 세상의 성공을 위해 살지 않고 오직 복음만을 위해 살다가 일생을 마쳤다. 그는 참 가치를 본 것이다.

구약에 나오는 이스라엘의 첫 왕이었던 사울은 평범한 사람으로 살다 이스라엘 초대 왕이 되었다. 그는 이스라엘의 가장 유명한 사람

이 되었다. 그러나 그는 왕이 되었기에 인생의 비참한 종말을 맞이하였다. 만약 그가 왕이 되지 않았더라면 그렇게 죽지 않았을 것이다. 유명한 사람이 되는 바람에 도리어 인생을 망치는 이들도 많다.

교부시대에 사막에서 은둔생활을 하였던 이들의 책을 읽어보면 "세상에 알려지는 성공을 한 자들은 이미 세속화된 것이다"는 말을 하였다. 세상의 성공이나 유명은 결코 우리 인생에 가치 있는 일이 아니다. 할 수만 있다면 유명해지는 자리를 피하는 것이 좋다. 예수님은 언제나 사람들이 몰릴 때마다 조용히 그 자리를 피해 산속으로 들어가셨다. 주님은 군중의 인기의 허상을 아시는 분이셨다. 유명과 인기와 성공은 허상이다.

사람들은 유명한 것을 좋아한다.
사람들은 성공을 좋아한다.
사람들은 인기를 좋아한다.
왜냐하면 그들이 세상 사람들이기 때문이다.

예수님은 유명의 허상을 아시는 분이다. 유명을 향해 내달리는 것은 불 속으로 뛰어드는 불나비와 같다. 유명은 우리의 가치가 될 수 없다. 우리는 하나님 앞에서 유명한 사람이 되면 된다.

노아는 세상 사람에게 조롱과 멸시를 받은 자였다. 노아 주위에 있는 사람들은 모두 노아에게 비난을 쏟아부었다.

"이런 멀쩡한 날에 무슨 방주냐? 그것도 높은 산 위에서… 아니 미쳤으면 혼자 미치지, 자녀들까지…."

노아는 세상 사람들에게는 인정받지 못했지만 하나님에게 인정받은 유명한 사람이었다.

세상의 유명을 위해 사는 사람은 그 유명을 얻기 위해 치르는 대가가 너무나 크다. 유명해지기 위해 사는 사람은 자신의 영성을 위해 투자할 시간이 없고, 가족들과 행복한 시간을 가질 틈이 없다. 또 유명해지고 나면 그 자리를 지키기 위해 치르는 긴장과 불안이 힘들게 할 것이다. 그러기에 할 수만 있다면 유명의 자리를 피하는 것이 지혜로운 삶이다. 사탄은 외친다. "버림받을 때 버림받더라도 유명해지고 보자!"

세상 사랑

예수님께서 광야에서 40일 동안 금식하신 후에 사탄은 예수님께 만국을 보여주며 자기에게 절하면 세상을 모두 주겠다고 하였다. 예수님에게는 세상을 다 갖는 것이 중요한 가치가 아니었다. 그래서 예수님은 사탄에게 하나님만 섬기라고 말씀하시며 그 유혹을 뿌리치셨다.

세상 사람들은 이 세상의 모든 것을 갖는 것이 가치인 줄 알고 있다. 사탄은 끊임없이 세상의 것을 가지라고 유혹한다. 텔레비전을 켜면 더 좋은 가전제품과 가구와 물건을 사면 행복해질 것이라고 유혹한다. 사탄은 사람들에게 이 세상을 사랑하라고 끝없이 유혹하고 있다.

사람은 무엇인가를 사랑하며 살게 되어 있다. 그래서 세상을 사랑하거나 하나님을 사랑한다. 이 둘을 동시에 다 사랑할 수는 없다. 사람의 마음은 한 가지만 사랑하도록 만들어졌다. 우리가 이성을 사랑하여도 두 사람을 동시에 사랑할 수 없듯이 하나님과 세상을 동시에 사랑할 수는 없다. 예수님은 두 주인을 동시에 섬길 수 없다고 말씀하셨다.

세상을 사랑하는 사람은 외모나 관심사를 보면 금방 알 수 있다. 외모에 엄청난 투자를 한다. 영혼을 위해서는 하루에 단 10분도 투자하지 않지만 외모를 위해서는 매일 한 시간 이상씩 거울 앞에서 시간을 보내며 꾸민다. 외모를 위해서는 거침없이 돈과 시간을 투자한다. 그는 세상 사람이다. 외모를 위해 성형수술을 하는 데 많은 돈이 들어도 아깝지 않다. 왜냐하면 예쁜 외모를 갖는 것이 그의 가치이기에 그렇다. 세상 사람들은 외모를 위해 좋은 옷을 사는 데 시간과 돈을 아낌없이 투자한다. 일주일에 한두 번씩 쇼핑하지 않으면 사는 맛이 없다고 한다.

그의 몸에는 늘 화려한 장신구가 가득하다. 세상에 유행하는 것은 다 가져야 한다. 그래서 신문을 꼼꼼히 다 읽어야 하고 잡지도 다 보아야 하며 TV도 매일 보아야 한다. 이런 사람들은 복음을 위해서는 단돈 만 원도 아까워할 것이다. 왜냐하면 복음에 대한 가치가 없기에 그렇다. 만약 이들에게 돈이 떨어져서 쇼핑을 못하거나 옷을 사 입지 못하는 날이 오면 인생에 깊은 회의와 우울과 절망이 밀려올 것이다.

내가 늘 입는 옷들은 10년이 넘은 것이 많다. 옷이 오래되어 멋 있어 보이지는 않지만 지금도 즐겨 입고 다닌다. 왜냐하면 나는 옷 에 많은 가치를 두지 않기 때문이다. 나는 외모에 깊은 가치를 두지 않는다.

미국에서 어렵게 유학생활을 할 때 아내가 내 머리를 깎아주었 다. 그때 우리 딸이 두 살이었는데 막 말을 배우고 있었다. 내가 우 리 딸에게 내 머리를 가리키며 "이게 뭐니?" 하고 묻자, 우리 딸이 "모자"라고 말했다. 처음 아내가 깎아준 머리를 하고 학교에 갔더니 주위에 있던 친구들이 "김 목사님, 어찌 그 머리를 하고 학교 올 용 기가 났습니까?" 하고 웃었다. 그 후 나는 그 학교에 전설적인 인물 이 되었다.

나는 결혼 전 신학생 시절에 교인들이 주는 양복을 입고 다녔다. 옷이 작아 꽉 끼는 것이었지만 별로 신경 쓰이지 않았다. 내게는 외 모가 어떻든 별로 중요하지 않았다. 나는 예수님께서 유행에 민감하 셨다고 생각하지 않는다. 세례 요한은 약대 털옷 하나로 만족하였 다. 우리는 가치 없는 일에 시간과 물질을 사용하는 것을 부끄러워

해야 한다. 단 하루를 살아도 가치 있는 것에 투자하다가 주님께로 가야 한다.

> 세상은 가치 없는 것에
> 시간과 돈을 사용하라고 날마다 유혹하고 있다.
> 세상은 가치 없는 것에 가치가 있다고 속이고 있다.
> 그러나 성경은 "이 세상을 사랑하지 말라"고 하신다.

육신의 정욕, 안목의 정욕, 이생의 자랑은 다 가치 없는 것들이다. 성경이 헛되다고 말하는 것에 가치는 두는 자는 어리석은 사람이다. 헨리 나우웬이 쓴 책 가운데 「마음의 문을 열고」란 책이 있다. 거기에는 한 이야기가 비유로 실려 있다.

어느 부인이 정신과 의사를 찾아왔다. 그런데 그녀는 들어오자마자 발작을 하면서 기물을 파괴하고 혈기를 부렸다. 간호사 두 사람을 불러서 가까스로 진정시킨 후에 진료를 시작하려던 의사는 환자가 오른손 주먹을 꽉 쥐고 있는 것을 발견했다. 그 손을 펴려고 아무리 애를 써도 펼 수가 없어서 간호사의 도움을 받아 손가락을 하나둘 펴기 시작했다. 마지막으로 새끼손가락을 펴니까 딸그랑 하고 떨어지는 것이 있었다. 그것은 퍼렇게 녹이 슨 1센트짜리 동전이었다.

그 환자는 자기 존재를 1센트짜리 동전과 동일시했던 것이다. 동전을 잃어버리면 자기 존재가 전부 없어져 버린다고 생각했기 때문에 누가 와서 칼로 찌르고 이것을 빼앗아가지 않을까, 이걸 빼앗기지 않으려면 어떻게 보존해야 할까 하는 두려움과 공포에 매일 시달렸던 것이다. 그래서 그녀는 있는 힘을 다해 동전을 움켜쥐고 살았던 것이다. 이것은 현대인들의 삶의 단면을 비유적으로 표현한 작품이다. 물질은 우리를 잘못된 것에 집착하게 하고 거기에 말려들게 하여 결국에는 파괴하는 위력을 지니고 있다.

당신의 가치는 무엇인가? 지금 내가 중요하다고 생각하는 가치가 어쩌면 너무나 어처구니없는 소모품과 같은 가짜 진주 목걸이인지도 모른다. 당신의 가치를 살펴보라. 당신의 인생을 다 팔아 세상의 부요와 쾌락과 권력의 신을 섬길 것인가? 예수님은 분명한 가치를 가지고 세 가지 유혹을 이기셨다. 당신은 세상의 유혹을 이길 수 있는 더 큰 가치를 가지고 있는가?

우리가 가치를 바꾸면 행동이 바뀌고
우리가 행동을 바꾸면 습관이 바뀌고
우리가 습관을 바꾸면 성품이 바뀌고
성품을 바꾸면 운명이 바뀐다.

"내 하나님이 아닌 모든 부는 내게 빈곤이다." _ 어거스틴

거짓된 가치는?

1. 당신은 얼마의 돈이 있으면 만족할 것으로 생각합니까?

2. 당신이 가치 없는 일에 시간을 사용한 것을 솔직히 나누어 보세요.

3. 당신이 가치 없는 일에 돈을 사용한 것을 솔직히 나누어 보세요.

4. 지금 성령께서 당신의 마음에 '이것은 가치가 없는 것' 이라고 말하는 것을
    나누어 보세요.

인생에서 가장
가치 있는 일

#1. 먼저 하나님을 사랑하라

하나님을 사랑하라

마태복음 22장에 보면 예수님에게 서기관이 다가와서 모든 계명 중에 첫 번째 계명이 무엇인가 질문하였을 때 예수님은 이렇게 말씀하셨다.

"예수께서 이르시되 네 마음을 다하고 목숨을 다하고 뜻을 다하여 주 너의 하나님을 사랑하라 하셨으니 이것이 크고 첫째

되는 계명이요 둘째도 그와 같으니 네 이웃을 네 자신같이 사랑하라"(마 22:37-39).

예수님은 하나님을 사랑하는 것과 사람을 사랑하는 것을 가장 우선순위에 두셨다. 하나님을 사랑하는 것과 사람을 사랑하는 것은 참으로 소중한 가치다. 하나님께서 우리 인생에 가장 중요한 십계명을 주셨는데 그 내용은 두 가지다. 1계명에서 4계명까지는 하나님을 사랑하는 것이고, 5계명에서 10계명까지는 사람을 사랑하는 것이다. 삶에서 이 중요한 하나님 사랑과 사람 사랑을 뺀다면 행복이 없게 된다.

그러나 사람들은 흔히 하나님을 사랑하고 사람을 사랑하는 것에 가치를 두기보다 자기 자신의 경력과 세상적인 성공과 개인적인 욕심을 채우려는 데 시간과 물질을 들인다.

인생에서 가장 중요한 것은
성공이나 업적이나 성취나 위대함이나
유명함이 아니라 사랑의 관계이다.

아무리 유명하고 부유한 집이라도 가족과의 관계가 나쁘면 그 집은 지옥이 된다. 그러나 아무리 가난하고 불편한 집이라도 가족과의 관계가 좋으면 천국이 된다.

영원한 땅으로 가야 할 우리에게 있어서
최고의 우선순위는 하나님 사랑이다.
이 땅에서 가족과의 사랑도 중요하지만
영원한 땅에서 가장 소중한 것은 하나님 사랑이다.

가족이 중요하다는 것은 평범한 사람이라도 알고 있다. 그러나 "정말 영원한 가치가 있는 것이야말로 하나님을 사랑하는 것이다"라는 것을 누구나 다 아는 것은 아니다. 이것을 알지 못한 채 사는 사람은 죽을 자격조차도 없는 가장 불쌍한 사람이다.

오늘은 잠깐 하던 일을 멈추고, '나는 하나님에게 시간과 물질을 쓰고 있는가?' 한번 생각해보면 좋겠다. 이것을 충실히 하지 못한 사람은 반드시 후회하는 날이 올 것이다. 이 글을 읽는 모든 분이 인생의 우선순위를 올바로 정하여 후회 없는 인생을 사는 성도가 되었으면 좋겠다.

어떤 시간관리 전문가에 대한 이야기다.

하루는 이 전문가가 경영학과 학생들에게 강의하면서 자기주장을 명확히 하기 위해 (학생들이 잊지 못할) 어떤 구체적인 예를 들어 설명했다. 경영학과 학생들 앞에 선 이 전문가가 말했다.

"자, 퀴즈를 하나 해봅시다."

그는 테이블 밑에서 커다란 항아리를 하나 꺼내어 테이블 위에 올려놓았다. 그러고 나서 주먹만 한 돌을 꺼내 항아리 속에 하나씩 넣기 시작하였다. 항아리에 돌이 가득 차자 그가 물었다.

"이 항아리가 가득 찼습니까?"

학생들이 이구동성으로 대답했다.

"예."

그러자 그는 "정말?" 하고 되묻더니, 다시 테이블 밑에서 조그만 자갈을 한 움큼 꺼내 들었다. 그러고는 항아리에 집어넣고 깊숙이 들어갈 수 있도록 항아리를 흔들었다. 주먹만 한 돌 사이에 조그만 자갈이 가득 차자, 그는 다시 물었다.

"이 항아리가 가득 찼습니까?"

눈이 동그래진 학생들은 "글쎄요"라고 대답했고, 그는 "좋습니다" 하더니, 다시 테이블 밑에서 모래주머니를 꺼냈다. 모래를 항아리에 넣어, 주먹만 한 돌과 자갈 사이의 빈틈을 가득 채운 후에 다시 물었다.

"이 항아리가 가득 찼습니까?"

학생들은 "아니오"라고 대답했고, 그는 "그렇습니다"라고 하면서 주전자를 꺼내 항아리에 물을 부었다. 그러고 나서는 전체 학생들에 물었다.

"이 실험의 의미가 무엇이겠습니까?"

한 학생이 즉각 손을 들더니 대답했다.

"당신이 매우 바빠서 스케줄이 가득 찼더라도 정말 노력하면 새로운 일을 그 사이에 추가할 수 있다는 뜻입니다."

"아닙니다!"

시간관리 전문가는 즉시 부인했다. 그리고는 말을 이어갔다.

"이 실험의 요점은 그것이 아닙니다. 이 실험이 우리에게 주는 의미는 '만약 당신이 큰 돌을 먼저 넣지 않는다면 영원히 큰 돌을 넣지 못할 것이다'란 것입니다."

당신 인생의 우선순위, 즉 큰 돌은 무엇인가? 당신이 하고 있는 프로젝트인가? 아니면 당신의 재물? 승진? 사업? 우정? 신의? 봉사인가? 오늘 이 이야기를 회상하면서 한번 자신에게 물어보라.

"내 인생에서 큰 돌이 과연 무엇인가?"

당신의 큰 돌이 무엇이 되었든, 그것을 항아리에 가장 먼저 넣어야 한다는 사실을 잊지 말라.

신학자 존 네이스빗은 "우선순위를 잘못 선택하면 삶의 목표에서 멀어진다"라고 말했다. 그리고 찰스 휴멜은 "우리가 삶에서 만나는 온갖 딜레마는 시간과 물질의 부족에서 오는 것이 아니라 일의 우선순위를 잘못 선택함에서 온다"라고 강조했다.

우리 인생의 우선순위 중 최고는 하나님 사랑이다.
하나님을 사랑한다는 것은
하나님의 음성을 듣고 하나님과 교제하는 것이다.

하나님의 임재 안에 거하라

우리의 최고 가치는 하나님의 임재 속에 사는 것이다. 예수님은 우리에게 "너희는 먼저 그의 나라와 그의 의를 구하라"고 하셨다. 우리 인생은 하나님의 나라와 하나님의 의를 구하는 데 초점을 맞추어야 한다. '하나님의 나라'란 '하나님이 통치하는 나라'를 말한다. 하나님께서 다스리는 시간과 장소가 바로 하나님의 나라이다. 만약 내가 오늘 하나님의 다스림을 받고 있다면 나는 하나님의 나라에 사는 것이다.

많은 사람이 예수님을 믿고 교회는 다니지만 매 순간 하나님의 통치를 받으며 살지는 않는다. 그들은 그저 죽어서 천국만 가면 된다고 생각한다. 이것은 잘못된 신앙이다. 예수님을 믿는 자는 매 순간 하나님이 다스리는 하나님의 통치 아래 이 땅에서도 천국을 경험하며 살아야 한다.

삶의 순간순간에서 하나님의 임재를 경험하는 자는 발을 땅에 디디고 있지만 천국을 사는 자이다. 하나님의 임재 속에 살면 불안이 평강으로 가득 채워지고, 미움의 마음이 사랑의 마음으로 바뀌며, 불순종이 순종으로 변화되고, 무질서가 질서로 바뀐다.

그래서 「하나님의 임재 연습」에서 로렌스 형제는 하나님의 임재에 대하여 다음과 같이 말했다. "하나님과 함께 있기 위해서 항상 교회에 있어야만 할 필요는 없다. 우리 마음에 예배 처소를 만들어 놓고 때때로 그곳에 찾아가 하나님과 부드럽고 겸허한 사랑의 교통을 할 수 있다. 누구나 하나님과 그러한 친근한 대화를 할 수 있다. 지금 시작해보자. 그분은 오직 우리가 전심을 다해서 결단하기를 기다리신다. 용기를 내자. 우리 인생은 짧은 것이다. 곧 시작하라. 하나님 앞에 서는 시간을…"

하나님을 사랑하는 사람은 그분과 대화하고 그분의 편지를 볼 것이다. 이것을 다시 말하면 하나님을 사랑하는 자는 기도하고 말씀을 볼 것이다. 말씀과 기도는 우리 믿는 자들의 우선순위다. 말씀과 기도는 시간을 정해놓고만 하는 것으로부터 시작해서 24시간 내내 그분과 대화하는 것이다. 그것을 '하나님의 임재'라고 말한다.

로렌스 형제는 부엌에서 일하면서도 늘 하나님의 임재를 느꼈다. 그는 또 이렇게 말했다. "하나님의 임재를 실제로 체험하는 일 없이 신자가 만족한 생활을 한다는 것은 상상도 할 수 없다."

우리 예수 그리스도를 믿는 사람들의 특권은 살아 있고 생명력 있는 하나님과 교제를 나눌 수 있다는 것이다. 그렇다면 하나님의 임재는 어떻게 가능한가?

하나님의 임재는
하나님이 내 마음의 주인이 되게 하는 것이다.
우리는 가끔 돈이 내 마음의 주인이 되거나
어떤 일이나 과업이 내 마음의 주인이 되거나

사람이 내 마음의 주인이 될 때가 있다.
이럴 때 하나님이
내 마음의 주인이 되게 하는 것이 필요하다.
그분이 내 안에서 주인이 된다면
그것이 바로 하나님의 임재다.

이와 관련해서 존 웨슬리는 이런 말을 하였다. "나는 비록 항상 바쁘지만 영혼의 고요함을 가지지 않으면 아무 일도 하지 않는다. 나는 결코 서두르지 않는다. 영혼의 고요함은 하나님을 내 마음의 주인으로 놓는 것이다. 이것은 우리에게 일어나는 일들을 질서정연하게 하는 데 절대 필요한 것이다."

우린 이런 영혼의 고요한 시간, 즉 하나님이 내 마음의 주인이 되는 시간을 꼭 가져야 한다. 아무리 목사, 선교사라도 하나님의 임재가 없는 자는 텅 빈 연료탱크에 불과하다. 혹시 당신이 '나는 아무런 열정도 없고, 아무런 비전도 없으며, 누군가 나를 필요로 할 때 나의 내면에서 줄 것이 아무것도 없다'고 느낀다면 열정과 창조와 기쁨의 근원이신 하나님 앞에 나아가야 한다.

> 우리의 최고 자원은 하나님이시다.
> 우리 그리스도인의 최고 우선순위는 그분의 음성을 듣는 것이다.

"조용히 앉아
하나님을 생각만 해도
오, 그 기쁨이란
그 생각을 떠올리며
그 이름을 속삭이는 것보다
더 큰 행복이 세상에 없네."
– 프레데릭 파브 –

매일 순간마다 하나님 앞에 서면 하나님의 생각이 내 안에 가득하게 되고 하늘의 평강이 내 마음을 지배하게 된다. 하나님의 생각이 내 안에 밀려오면 내 안에 있는 세속적인 생각이 점점 안개가 걷히듯 사라지고 내 머릿속은 평온함과 부드러움으로 가득하게 된다. 하나님 앞에 서면 언제나 긴장이 사라지고 복잡한 생각이 사라진다. 하나님 앞에 서는 것은 의무가 아니라 즐거움이며 기쁨이다.

하나님의 임재 앞에 사는 것이 인생에 가장 중요한 가치라는 것을 생각하니 이런 찬양이 귀에 들린다.

"저 장미꽃 위에 이슬
아직 맺혀 있는 그 때에
귀에 은은히 소리 들리니
주 음성 분명하다.

주님 나와 동행을 하면서
나를 친구 삼으셨네.
우리 서로 받은 그 기쁨은
알 사람이 없도다." (찬송가 442장)

#2. 그리고 이웃을 사랑하라

가족을 사랑하라

서기관 중에 한 사람이 예수님에게 다가와서 모든 계명 중에 첫 번째 계명이 무엇이냐고 물었을 때, 그 질문에 대한 답은 첫째는 하나님을 사랑하는 것이고 둘째는 이웃을 사랑하는 것이라고 하셨다.

사랑은 소중한 것이다.
사랑이 없는 삶은 가치가 없는 삶이다.
행복한 삶은 사랑에 달려 있다.

하나님을 사랑하는 사람은 사람을 사랑하게 되어 있다. 하나님이 사랑이시기에 그렇다(요일 4:8). 하나님을 가까이하는 사람은 하나님이 가지신 사랑이 묻어 나오게 되어 있다. 하나님은 사랑이 많으신 분이 아니다. 하나님은 사랑 그 자체이시다. 이 사랑을 모르는 자는 하나님을 모르는 것이다.

이제 사람을 사랑하는 것을 살펴보자. 사람을 사랑하는 것은 가치 있는 일이다. 사람에게 가장 큰 영향을 끼치는 것은 이기심 없는 사랑이다. 사람을 사랑하는 일 중에서 가장 먼저 해야 하는 사랑은 '가족 사랑'이다. 사람은 대서양 바다에 홀로 떠 있는 외로운 섬이 아니다. 한 사람이 존재하기 위해서는 반드시 부모가 있기 마련이다.

할리우드에서 만드는 대부분의 영화에는 늘 가족애가 등장한다. 가족을 사랑하는 마음은 온 인류가 가진 본능이다. 사람은 죽을 때 자기 가족을 사랑하지 못한 것을 후회한다. 죽을 때 학위를 갖지 못한 것을 후회하는 사람은 없다. 죽을 때 좋은 옷을 사지 못한 것을 후회하는 사람도 없다. 그러나 가족을 더 많이 사랑하지 못한 일은 후회한다. 그렇기에 가족을 사랑하는 일이 정말 중요하다는 뜻이다.

2001년 12월 초, 코미디계의 스타 이주일 씨가 폐암으로 투병 중이라는 기사가 실렸다. 그는 3개월 전 종합검진에서 아무 이상이 없었는데 10월 25일, 몸이 약간 이상해서 병원에 가 보니 의사가 인생을 정리하라는 말을 하더라고 했다. 그는 폐암 말기였다. 투병 중인 그에게 기자가 찾아가 물었다.

"지금 이 시점에 있어서 가장 중요한 것이 무엇이라고 생각하십니까?"

그는 "가족과 같이 시간을 보내는 것"이라고 대답하면서 "제가 연예계에서 잘나갈 때는 온 가족이 외롭고 고생스러웠지요. 그러다가 가족에게 관심을 가졌을 때 아들이 교통사고로 죽었습니다. 지금은 이렇게 병들어 가족을 힘들게 해요. 입맛이 없고 잠을 못 자니까 가족에게 짜증을 내요. 어저께 마누라가 내가 죽기 전에 정을 떼려고 그러는 모양이라고 하더군요. 참 가족이 중요해요."

이주일 씨는 임종의 시간을 기다리면서 가장 소중한 것은 가족이라고 말했다. 그러나 그는 가족의 중요함을 너무나 늦게 깨달은 것이었다.

우리나라의 어느 재벌 기업의 모 회장은 세상의 부귀영화를 한 몸에 안고 살았다. 그러나 그는 정작 중요한 가족을 잘 이끌지 못하였다. 그의 아들 중 한 명은 자살로 그 회장의 가슴에 못을 박았다. 그와 그의 가족은 부요했지만 행복하지는 못했다. 아무리 유명해도, 아무리 성공해도 가족과의 사랑을 나누지 못하고 가족과 화목하게 살지 못한다면 행복하게 살기는 힘들다. 그렇기에 이 세상에 살면서 무엇보다도 우선순위에 두어야 할 것은 가족에 대한 사랑이다.

어떤 사람이 가정상담을 하는 이에게 찾아가서 "어떻게 하면 행복한 가정이 됩니까?" 하고 묻자, 상담사는 너무나 쉽게 대답했다.

"가족들과 많은 일을 함께하십시오."

가족과 함께 시간을 보내는 것이 가장 중요하다는 뜻이다.

노벨 평화상을 수상한 마더 테레사 여사에게 한 신문기자가 물었다.

"어떻게 하면 세계에 평화가 오겠습니까?"

그녀의 대답은 너무나 간단했다.

"가정으로 가서 가족들을 사랑하십시오."

구약성경에 나오는 인물 중에 정말 위대한 인생을 산 사람이 있다. 그의 이름은 에녹이다. 그는 특별한 업적이나 위대한 일을 남기지 않았다. 하지만 그는 죽음을 맛보지 않고 천국으로 간 엄청난 인물이다. 그가 무엇을 하였기에 그렇게 위대한 인생이 되었는가? 그의 업적을 조사해보면 딱 한 가지 있는데, 그것은 아들딸 낳고 건강한 가정생활을 하였다는 것이다.

"에녹은 육십오 세에 므두셀라를 낳았고 므두셀라를 낳은 후 삼백 년을 하나님과 동행하며 자녀들을 낳았으며"(창 5:21-22).

에녹의 기록은 지금처럼 많은 가정이 파괴되는 시대에 경종을 울리는 예이다.

아무리 유명하고 아무리 성공한 인생을
산 사람이라 할지라도 가정이 무너진 사람은
무너진 인생을 산 사람이다.

가족을 사랑하며 거룩하게 사는 것은 가치 있는 일이다. 하나님
이 인생을 창조하실 때 최초로 만든 것이 가정이었다. 하나님은 학
교나 병원이나 국가를 가정 먼저 만드시지 않고, 가정을 최초로 만
드셨다. 하나님에게 최고의 가치는, 우선순위는 가정이었다. 그렇기
에 건강한 가정생활을 뒤로하고 돈과 성공에 시간을 낭비하는 사람
은 반드시 후회하게 될 것이다.

우리의 손이 가족을 만질 수 없는 날이 머지않았다.
우리의 말이 가족을 칭찬하는 날이 얼마 남지 않았다.
내 손이 자유롭게 움직일 때 내 가족을 한 번 더 안아주라.
내 입이 자유롭게 움직일 때
내 가족에게 격려의 말을 한 번이라도 더 하라.
곧 우리 앞에 손발을 움직일 수 없는 날이 올 것이고
말을 하고 싶어도 할 수 없는 날이 올 것이다.

가족을 사랑하는 것이 인생에서 매우 가치 있는 일이다. 삶의 행
복은 사랑에 달려 있다. 가족 중에서도 제일 먼저 부부끼리 서로 깊

이 사랑하는 것이 최고의 우선순위다. 아내와 남편이 서로에게 최우선순위를 두고 산다면 부부의 사랑은 날로 깊어질 것이다. 아무리 바빠도 아무리 시간이 없어도 부부 사이에 사랑한다는 말을 자주 하라. 사랑한다는 말은 드라마에서나 하는 것이 아니라 부부 사이에 해야 하는 금싸라기 같은 단어이다. 이 익숙한 단어를 사용하지 않는 사람은 불행을 부르는 자이다. 자녀는 부모가 서로 깊이 사랑한다는 것을 알 때 안정감을 가진다.

서구의 사람들은 가족과 함께 있는 시간을 정말로 소중히 여긴다. 저녁 6시만 되면 집 뒤에 있는 작은 공원에 가족들끼리 모여 야구 시합하는 것을 쉽게 볼 수 있다. 우리도 이제 가족을 대해는 태도가 달라져야 한다. 가족과 함께 다니는 것을 즐겨야 한다. 부모가 아이들에게 줄 수 있는 최고의 선물은 좋은 추억이다. 어린아이들에게 부모가 재미있는 추억을 준다면 그 아이는 평생 그 추억을 가슴에 품고 살 것이다. 아이들과 함께 낚시하러 가고, 갯벌에서 조개와 게를 잡고, 배를 타거나 기차를 타고 여행하는 것은 너무나 귀한 보물을 주는 일이다.

특히 가족과 함께하는 캠핑을 권하고 싶다. 가족이 일체감을 갖는 데는 최상의 길이다. 가족이 함께 산에 가서 텐트 치고 저녁을 해 먹고, 기타 치며 찬양하고, 별을 보고 이야기하다가 텐트 안에서 꼭 안고 자는 일은 참으로 가족을 하나로 만든다. 어떤 때는 천둥과 번개가 쳐서 놀라기도 하고, 비바람이 쳐서 급하게 차로 옮기기도 한다.

어떤 아내는 처음 텐트를 치고 캠핑할 때 "아이들이 잠든 후의 시간이 가장 멋졌어요. 이런 시간을 갖는 것이 진짜 인생이라는 것을 알았어요. 왜 많은 사람이 캠핑을 좋아하는지 이제 알겠네요"라고 했다. 가족이 위기를 같이 보내면 하나가 될 수밖에 없다. 힘든 시간을 많이 보낸 가족일수록 결속력이 강하다. 가족과 깊은 사랑을 나누기 위해 캠핑하는 것은 가치 있는 일이다. 가족을 하나로 만들어준다.

생활을 같이 나누는 것, 미래를 같이하는 것이 진짜 가족이다. 일 년에 한 번은 꼭 가족끼리 여행을 하라. 일 년의 계획과 예산에 가족과의 여행 스케줄을 반드시 넣어라. 함께 준비하고 기대할 수 있도록 가족들에게 날짜와 시간을 알리라. 그날을 기다리며 더욱더 재미있고 가치 있게 보낼 수 있도록 준비하는 과정도 즐겁고 신나는 일이다. 지금 바로 향후 일 년간 가족과 함께 할 스케줄을 잡아보는 것은 어떨까?

많은 사람이 가족이 소중하다고 말은 하지만 가족과 편안하고 풍요로운 시간을 갖지는 않는다. 그들은 진정으로 가족의 가치를 모르는 자들이다. 우리가 이기심 없이 순전하게 사랑하는 것을 배우는 장소가 바로 가정이다. 이 이기심 없는 사랑을 잘하는 사람이 인생을 잘 사는 성공한 사람이다.

많은 사람이 가족을 가치 있게 여기기보다

자신의 지식과 경력과 성공을 더 가치 있다고 생각한다.

이것이 비극이다.

나의 가장 가까운 사람에게 존경받지 못한다면

그는 실패한 사람이다.

어린아이를 사랑하라

미국에서 가장 큰 삼나무는 높이가 90m까지 자란다고 한다. 이 삼나무의 씨는 1.6mm밖에 되지 않는데 말이다. 바다에서 가장 큰 대왕고래는 길이가 30m도 넘는다. 이 큰 대왕고래도 처음에는 조그마한 수정란으로 시작한다. 자연은 참 신비하다. 그 작은 알 안에 어마어마한 고래가 들어 있다. 큰 나무나 큰 고래는 언제나 아주 작은 것으로 시작된다. 작은 씨와 작은 알의 가치를 모르면 결코 큰 나무와 고래를 알 수 없다.

스티븐 코비 박사가 쓴 「성공하는 가족들의 7가지 습관」이라는 책에 이런 글이 나온다.

"대나무는 씨앗을 심은 후 첫 4년 동안은 죽순 하나 올라오는 것을 빼면 아무것도 보이지 않는다. 그 4년 동안 모든 성장은 땅속에서 이루어진다. 그동안 섬유질의 뿌리구조가 형성되어 땅속으로 깊고 넓게 퍼져 나간다. 그러고 나서 5년째에 대나무는 25m 높이로 자란다.

가정에서 일어나는 많은 일도 대나무와 비슷하다. 열심히 일하고 시간과 노력을 투자하면서 가족의 성장을 위해 할 수 있는 모든 일을 다 한다. 수주일, 수개월, 혹은 수년 동안의 노력이 아무 결실을 보지 못할 수 있다. 그러나 끈기 있게 계속 작업해 나가면서 거름을 주면 5년째 시기가 반드시 올 것이고 그때 나타나는 성장과 변화에 깜짝 놀랄 것이다."

우리는 어린아이에게 가치를 두어야 한다. 천주교에서는 어린아이를 7세까지만 자기들에게 맡겨달라고 말한다. 그 후에는 기독교로 데려가든 불교로 데려가든 마음대로 하라는 것이다. 이것은 무서운 말이다. 7세 전까지만 천주교에 맡겨주면 나중에는 어디를 가든지 결국 천주교를 믿게 된다는 뜻이다.

자녀는 기업이다.

성경은 어린아이에게 엄청난 가치를 두고 있다. 시편 127편 3절에서는 "자식들은 여호와의 기업이요 태의 열매는 그의 상급이로다"라고 기록하고 있다. 기업이라는 말은 소유, 유산, 재산, 선물이라는 뜻이다. 자녀보다 더 중요한 기업이 없고, 자녀보다 더 놀라운 상급은 없으며, 자녀보다 더 놀라운 선물은 없다.

사람이 죽을 때 남길 수 있는
유일한 기업은 자녀밖에 없다.

프랑스와 일본의 젊은이들은 자녀를 낳지 않으려고 한다. 이렇게 자녀를 낳지 않으려 하는 것은 이제 한국도 마찬가지다. 그들이 자녀를 낳지 않는 가장 큰 이유는 경제적인 이유 때문이다. 돈이 많이 든다는 것이다. 그들은 자신의 인생을 자녀에게 투자하는 것이 아니라 자신들이 즐기고 부부끼리 여행이나 하며 편안히 살겠다고 말한다.

사람은 이상하게 자기를 위해 살면 살수록 자기 자신을 잃어버리고 쓸모없이 인생을 낭비하게 된다. 그러나 자녀를 위해 자신을 버리거나 이웃을 위해 시간을 사용하면 자기 자신을 찾는다. 이것은 역설이지만 대단한 진리이다. 주님은 말씀하셨다.

"자기 목숨을 얻는 자는 잃을 것이요 나를 위하여 자기 목숨을 잃는 자는 얻으리라"(마 10:39).

자기의 유익만을 위해 사는 사람은 가시덤불처럼 수많은 사람을 찌르고 자기 자신도 찌르게 된다. 우리는 자녀를 낳고 자녀를 위해 투자해야 한다. 성경은 "생육하고 번성하라"(창 1:28)고 하였다. 자녀는 하나님이 우리에게 주신 축복이다. 자녀는 골칫거리가 아니라

"우리의 기업이며 상급이다"(시 127:3).

자녀는 장사의 수중의 화살이다.

시편 127편 4절에 보면 "젊은 자의 자식은 장사의 수중의 화살 같으니"라는 말씀이 있다. 전쟁에서는 화살을 많이 가진 사람이 승리한다. 성경은 자녀를 전통의 화살로 말하고 있다. 자녀는 많을수록 좋다는 뜻이다. 자녀를 화살로 말하는 것은 자녀가 인생의 전쟁에서 승리를 가져다주는 소중한 존재라는 뜻이다.

여기서 우린 아주 귀한 교훈을 얻을 수 있다. 자녀가 축복이 되려면 먼저 부모가 군사가 되어야 한다는 것이다. 아버지가 군사가 될 때 그 아이는 전통에 가득한 화살이 된다. 아버지가 군사가 아닐 경우 그 아이는 화살이 아니라 땔감밖에 되지 않는다. 아버지는 자녀를 군사로 키워야 한다.

대부분의 부모들은 자녀를 군사로 키우기보다 그냥 좋은 대학에 들어가서 좋은 직장에 다니게 하는 데만 온 힘을 쏟고 있다. 이것은 자녀가 소중하다는 가치는 가지고 있지만 자녀에 대한 성경적인 가치를 갖지 못해서 발생한 일이다.

우리는 자녀를 서울대학교나 하버드대학교에 보내는 것보다 자녀를 그리스도의 군사로 키워야 한다는 성경적인 가치를 먼저 가져야 한다. 아무리 자녀를 좋은 대학에 보내고 세상적으로 성공시켰다고 하여도, 그 아이의 머릿속에 성경적인 가치가 없다면 그는 영원한 땅에서 아무런 가치 없는 존재가 되고 말 것이다. 그러므로 우린 우리 자녀를 그리스도의 좋은 군사로 키워야 한다.

많은 부모가 자녀를 비싼 학원에 보내거나 비싼 컴퓨터와 장난감을 사주면 잘 크겠지 하고 막연하게 생각하여 자녀와 함께하는 시간을 소홀히 한다. 자녀에게 돈만 투자하는 것은 자녀를 귀히 여기는 것이 아니다. 정말 자녀를 소중히 여긴다면 반드시 자녀와 깊이 대화하고 같이 놀아주는 시간을 자주 가져야 한다.

미국에 사는 교포 중에 많은 사람이 한국의 좋은 직장을 내려놓고 자녀의 교육 때문에 고국을 떠나 미국에 가서 고생한다. 그들이 미국이라는 타국에 가게 된 동기는 자녀교육이었다. 그러나 정작 미국의 바쁜 생활에 쫓겨 하루 종일 일터에 나가 시간을 보내느라 정작 중요하다고 생각한 자녀들과의 좋은 시간은 보내지 못한다. 결국 시간이 흐르면서 부모의 사랑과 관심을 받지 못한 자녀들은 문제아가 되어 그 부모의 가슴에 못을 박는 경우가 허다하다.

자녀들을 미국에 갖다 놓는다고 절대로 좋은 사람으로 자라지 않는다. 자녀들은 부모들과 깊은 사랑의 관계를 유지해야 정서적으로, 육체적으로, 영적으로 건강하게 성장한다. 부모가 자녀들에게 좋은 환경을 만들어주어도 자녀들과 함께하는 시간을 갖지 않는다면 자녀를 잃고 말 것이다. 자녀에 대한 올바른 가치를 가진 사람은 어린아이들에게 깊은 영적인 영향을 준다.

중국선교에 큰 획을 그었던 허드슨 테일러는 아버지였던 제임스 테일러에게 가장 큰 영향을 받았다. 그는 부모를 본받아 자신의 인생을 하나님을 위해 헌신하게 되었다. 그는 어린 시절에 늘 아버지와 함께 중국에 대한 기사가 있는 신문을 스크랩하면서 중국에 대한 꿈을 키웠던 것이다.

지금 예수전도단의 대표인 로렌 커닝햄도 아버지로부터 큰 영향을 받은 사람이다. 어린 시절부터 전도 설교자였던 아버지와 함께 전도 여행이나 순회 집회를 따라다니면서 많은 불신영혼이 구원받아 새 생명을 찾는 것을 보면서 뜨거운 열정을 가지게 되었고, 젊은 시절에 하나님께 전 인생을 드리기로 결심하였다.

자녀를 영적인 거장으로 키우겠다는 마음을 가지고 있는 부모는 매 순간 자녀에게 좋은 영향을 주려고 노력할 것이다. 대단한 것이 아니라 조금만 생각하면 일상생활 속에서 자녀에게 아주 소중한 것을 줄 수 있다.

나는 때때로 아이들과 함께 차를 타고 가다 저녁노을이 아름답게 물든 석양을 본다든가 아름다운 자연을 보면 눈물이 흐를 때가 있다. 그러면 아들이 물어본다.

"아빠, 왜 울어?"

"응, 하나님이 석양을 너무 아름답게 만들어놓으셔서 하나님이 너무 좋아 운단다. 우리 같이 하나님께 찬양을 드릴까?"

"사랑해요. 목소리 높여 경배해요. 내 영혼 기뻐…."

우리가 늘 하나님을 경외하는 삶을 살면 우리의 모든 행동이 자녀에게 교육이 된다. 또한 우리가 살아가는 모든 순간이 다 교육이고, 모든 자연이 다 시청각 교재이며, 모든 사물이 다 좋은 소재이다.

자녀는 감람나무다.

시편 128편 3절에서는 "네 식탁에 둘러앉은 자식들은 어린 감람나무 같으리로다"라고 하였다. 감람나무는 이스라엘에서 가장 중요한 나무이다. 이 나무는 번영과 축복을 상징한다. 이 감람나무에서 올리브유를 짜낸다. 옛날 왕들이나 선지자에게 기름을 부을 때 이 감람나무 기름을 부었다. 자녀가 감람나무라는 것은 자녀는 바로 축복이며 번영이라는 뜻이다.

예수님이 생각하는 어린아이의 가치

환영하라.

예수님께서 어린아이를 어떻게 생각하셨는지 살펴보자.

"또 누구든지 내 이름으로 이런 어린아이 하나를 영접하면 곧 나를 영접함이니"(마 18:5).

'영접'은 '환영하는 것'을 말한다. 즉 어린아이를 환영하는 것은 예수님을 환영하는 것이다. 이 말을 거꾸로 하면 어린아이를 환영하지 않는 자는 예수님을 환영하지 않는 것이라는 뜻이다. 다시 말하면 어린아이를 막 대하면 예수님을 막 대하는 것이다. 우리는 언제나 어린아이를 환영하여야 한다.

한국은 나라 전체가 어린아이를 무시하는 경향이 있는 것 같다. 사회적으로 부모와 어른을 공경하는 것은 당연히 지켜야 하는 미덕이지만 그렇다고 해서 어린아이들이 무시당해서는 안 된다. 이런 풍토는 유교적 사고에서 비롯된 것 같다. 이것은 고쳐져야 할 관습이다. 어린아이들은 언제든지 어른들로부터 보호받아야 하며 언제 어디서든지 존중받고 환영받아야 한다.

예수님은 늘 어린아이들을 좋아하셨다. 얼마나 좋아했던지 어린아이들은 예수님을 보자마자 뛰어가서 안겼다. 어린아이들은 사람을 느낌으로 평가한다. 어린아이들이 뛰어올 수 있는 분위기를 가지라. 어린아이가 당신을 보고 울거나 피한다면 어린아이를 대하는 마음과 얼굴 표정을 고쳐야 한다.

나는 「공자가 죽어야 나라가 산다」라는 책을 읽고 한 가지 실천한 것이 있다. 그 책을 읽기 전에는 아침에 일어나 아들이 내게 오면 "아들아, 아빠에게 할 말 없니?"라고 말하여 억지로 나에게 아침 인사를 하도록 하였다. 그런데 그 책을 읽고 난 뒤 나의 말이 바뀌었다. 아침에 일어나 아들이 내게 오면 "아들아, 잘 잤니?" 하고 내가 먼저 아들에게 인사를 건넨다. 전에는 내가 어른으로 대접받으려고 하였지만 이젠 그 유교사상을 버리고 내 아들을 한 인격체로 존중해준다.

남자를 여자보다 귀히 여기고 어른을 아이보다 귀히 여기는 사상은 성경적인 것이 아니다. 우리 교회에서는 예배 시간에 어린아이들이 막 뛰어다녀도 그 누구도 이맛살을 찌푸리거나 긴장하지 않는다. 아이들이 뛰어노니 더 자연스럽다. 보통 교회들은 어린아이들이 예배실에 들어오지도 못하게 한다. 어린아이에 대한 가치가 없기에 그렇다. 이런 교회에서 자란 아이들은 자신이 어린 시절 교회에서 거절감을 맛보았기에 커서도 교회에 가는 것을 좋아하지 않게 된다. 우린 어린아이들에게 "Well Come" 하는 분위기를 주어야 한다. 아무리 어린 유아라 할지라도 자신을 환영해주는 곳과 거절하는 곳을 안다.

어린아이는 하나님께서 주신 축복이다.
어린아이는 빛나는 천국의 보석이다.
우린 어린아이에게 가치를 두어야 한다.

실족하게 말라.
마태복음 18장 6절에 보면 "누구든지 나를 믿는 이 작은 자 중 하나를 실족하게 하면 차라리 연자 맷돌이 그 목에 달려서 깊은 바다에 빠뜨려지는 것이 나으니라"고 말한다. 무서운 말씀이다. 여기에 "실족하게 하면"이라는 말은 걸려 넘어지게 하는 것이나, 함정에 빠뜨리는 것이나, 감정을 상하게 하는 것이나, 심한 괴로움에 빠지게 되는 것이나, 죄에 빠지게 하는 것을 말한다. 여기의 연자 맷돌은 지름이 약 45cm, 두께 10cm 정도 되는 큰 맷돌이다. 그래서 예수님 당시에는 이 연자 맷돌을 당나귀가 돌렸다. 어린아이들을 힘들게 하거나 마음 아프게 하는 자는 차라리 맷돌을 메고 물에 빠져 죽는 것이 낫다는 표현이다.

그 무거운 맷돌을 메고 빠지면 다시는 살아나오지 못한다. 그것도 깊은 바다에 빠져 죽으라 하였다. 즉 쥐도 새도 모르게 죽어야 한다는 것이고, 깊은 바다에 빠져 죽으라는 것은 도무지 살릴 이유가 없이 완전히 죽어야 할 사람이라는 뜻이다. 지금 당신이 어린아이를 실족하게 하는 것이 무엇이 있는지 잠시 생각해보라. 언어폭력, 욕설, 어른 갑질, 저주, 얼굴 때리는 것 등등….

우리 예수님을 믿는 사람은 도둑질하면 죄책감을 느낀다.
거짓말하면 죄책감을 느낀다.
그러나 어린아이를 막 대하고는 죄책감을 갖지 않는다.
이것이 감추어진 죄악이다.

우린 어린아이의 마음을 상하게 하거나 두려움에 빠지게 하면 안 된다. 예수님은 어린아이를 실족하게 하는 자는 죽어야 한다고 엄히 경고하셨다. 그만큼 예수님은 어린아이들에게 엄청난 가치를 가지고 계셨다.

마태복음 18장 7절에서는 "실족하게 하는 그 사람에게는 화가 있도다"라고 하셨다. 예수님은 단순히 "어린아이들에게 상처를 주지 말라"고만 말씀하지 않고, 어린아이를 힘들게 하는 자는 화가 있다고 경고하셨다. 예수님은 이 땅에서 화가 있다는 말씀은 바리새인에게만 하셨는데 어린아이를 실족하게 하는 자에게도 화가 있을 것이라고 저주하셨다.

업신여기지 말라.

마태복음 18장 10절에서는 "삼가 이 작은 자 중의 하나도 업신여기지 말라"고 하셨다. 여기서 "업신여긴다는 것"은 무시하는 것을 뜻한다. 하나님은 이 땅의 모든 아이가 하나님을 믿길 원하신다.

"이와 같이 이 작은 자 중의 하나라도 잃는 것은 하늘에 계신 너희 아버지의 뜻이 아니니라"(마 18:14).

이런 말씀은 예수님께서 얼마나 어린아이에 대한 가치를 가지고 계시는지 드러내는 것이다. 여기에 나오는 어린아이를 영접하라(환영하라), 실족하게 하는(마음 상하게 하지 말라) 자는 연자 맷돌을 메고 바다에 빠지라, 실족하게 하는 자는 화가 있다, 소자 하나라도 업신여기지 말라 등 이 모든 말씀은 어린아이를 가치 있는 존재로 여기라는 뜻이다.

예수님은 어린아이를 귀히 여기셨다. 왜 그랬는가? 미래가 달려 있기 때문이다. 어린아이들은 미래를 이끌어가야 할 장본인이기 때문에 정말로 소중하고 귀하다.

어린 시절에 그의 머리 안에
무엇을 심어놓으면 평생 간다.
이것은 마치 나무껍질에 새긴 글자와 같은 것으로
그 나무가 자라감에 따라 글자도 더욱 커지는 것과 같다.

어린 시절이 그 사람의 인생을 결정한다. 그래서 잠언 22장 6절에서는 "마땅히 행할 길을 아이에게 가르치라. 그리하면 늙어서도 그것을 떠나지 아니하리라"고 말씀하고 있다. 부모는 어린아이를 품은 인큐베이터다. 마땅히 행할 것을 부모가 가르쳐야 한다. 하나님은 부모가 자녀를 그리스도의 제자로 삼길 원하신다. 부모만이 자녀를 그리스도의 제자로 삼을 수 있다.

다음은 폴란드의 어느 조그만 마을에서 실제 있었던 일이다.

웬일인지 독일군이 마을에 나타나지 않아 불안한 가운데 하루하루를 지내고 있는 유대인 앞에 드디어 독일군이 나타났다. 독일군

일부는 마을로 들어가고, 나머지는 학교로 가서 학생 중에 드문드문 섞여 있는 유대인 어린아이들을 끌어내려고 하였다. '코르자크'란 이름을 가진 선생님은 자기 앞으로 몰려온 유대인 어린아이들을 두 팔로 꼭 안아주었다. 트럭 한 대가 학교 운동장으로 들어오자 아이들은 더욱 선생님의 팔에 매달렸다.

"무서워할 것 없단다. 하나님께 기도하자."

독일군은 코르자크 선생님 곁에서 유대인 어린이들을 떼어놓으려고 했다. 그러나 코르자크 선생님은 군인들을 막아서며 "나도 함께 가겠소"라고 말했다.

"자, 함께 가자. 선생님이 같이 가면 무섭지 않지?"

"네, 선생님. 하나도 무섭지 않아요."

코르자크 선생님은 아이들을 따라 트럭에 올랐다. 이 광경을 지켜본 독일군이 선생님을 끌어내리려 하자, "어떻게 내가 가르치던 사랑하는 이 어린아이들만 죽음으로 보낼 수 있단 말이요" 하며 끌려가, 마침내 '트레뮬렌카'의 가스실 앞에 도착했다. 선생님은 아이들의 손을 꼭 잡고 앞장서서 가스실 안으로 들어갔다.

코르자크 선생님은 유대인이 아닌데도 사랑하는 제자들의 두려움을 조금이라도 덜어주기 위해 함께 들어가서 자신의 목숨을 버린 것이다. 그는 어린아이들에 대해 엄청난 가치를 가지고 있는 사람이었다. 히틀러에게 학살된 동포들을 기념하기 위해 예루살렘에 세운

기념관 뜰에는 겁에 질려 떨고 있는 사랑하는 제자들을 두 팔로 꼭 껴안고 있는 코르자크 선생님의 동상이 세워져 있다.

많은 노인이 한 번만 더 산다면 자녀들에게 투자를 바로 하겠다고 말한다. 이것은 어린아이들의 교육이 중요하다는 것을 뜻한다. 우리 교회는 유아원과 유치원, 초등학교를 세우는 비전을 가지고 있다. 교회마다 유·초등학교를 세워야 한다. 우리 아이 안에 빌리 그레이엄이 숨어 있다. 우리 아이 안에 무디가 숨어 있다. 우리 아이 안에 허드슨 테일러가 숨어 있다.

> 우리 자녀를 땔감으로 키울 것인지
> 군사로 키울 것인지 그 결정은 당신에게 있다.
> 부모가 자녀에게 하나님의 가치를 심어주지 않으면
> 세상이 자녀에게 세상의 가치를 심어버린다.

공동체를 사랑하라

21세기를 가정파괴의 시대라고 말한다. 유럽이나 미국에서는 가정이 파괴되어 이혼율이 급증하고 있다. 한국도 서구의 영향을 받으면서 가정이 급속히 무너져가고 있다. 가정이 무너지면 사람들은 더 깊은 외로움을 느낀다. 컴퓨터와 인터넷과 SNS의 발달로 현대인은 더더욱 개인화되어 가고 있다. 사람은 아무리 좋은 환경에 있어도, 아무리 좋은 놀잇감이 있어도 사람을 만나지 못하면 외로움에 빠진다.

에덴동산을 한 번 생각해보라. 에덴동산은 정말 살기 좋은 곳이다. 가난도, 아픔도, 고통도 없으며, 싸움도, 갈등도, 눈물도 없는 곳이다. 이곳은 완벽한 복지시설이 갖추어진 곳이다. 완벽한 노후대책이 보장된 곳이다. 그런데 하나님은 아담 혼자 있는 게 보기에 좋지 않다고 하셨다. 그래서 하나님은 아담에게 하와를 주시고 자녀를 주셨다. 하나님은 사람을 공동체로 존재하게 하셨다. 사람이 혼자 있으면서 행복할 수 없다. 사랑하지 않고 행복할 사람은 아무도 없다. 혼자 있는 것은 하나님이 디자인하신 것이 아니다.

주위에 자신을 진심으로 사랑해주는 사람이 많은 사람은 언제나 행복하다. 하지만 아무리 많은 돈을 가졌어도, 아무리 높은 지위에 올라 있어도 진심으로 사랑해주는 사람이 없는 사람은 언제나 외롭고 불행하다. 사람은 사랑하거나 사랑받을 때만이 행복하기 때문이다. 우리는 하나님의 자녀로서 하나님의 형상을 닮아야 한다. 하나님의 형상이란 하나님의 성품이며 하나님의 모습이다. 그러면 하나님의 어떤 모습을 닮아야 하는가?

여러 가지가 있겠지만 그중에서도 하나님께서 지니신 삼위일체의 아름다운 모습을 닮아야 한다. 하나님은 성부 하나님, 성자 하나님, 성령 하나님으로 영원히 존재하신다. 하나님은 삼위일체로 영원히 존재해 오셨고, 앞으로도 영원히 존재하실 것이다. 하나님은 세 분이시지만 한 분처럼 계셨다. 완벽한 조화와 일치를 가지셨다. 한 번도 갈등하신 적이 없었고, 앞으로도 영원히 갈등하지 않으실 것이다. 세 분이 공동체로 사시는 것은 하나님의 독특한 부분이다. 그래서 하나님의 형상을 닮은 사람도 하나님처럼 공동체로 존재해야 한다.

오늘날 사회에서 이기적인 사랑이 아니라 무조건적인 사랑을 나누는 공동체는 교회밖에 없다. 이와 관련해서 셀교회 전문가인 빌 벡헴 목사는 이런 표현을 썼다. "에덴동산에서는 아담의 옆구리에서 하와가 나왔다. 갈보리 언덕에서는 십자가 위 예수님의 옆구리에서 교회가 나왔다."

예수님이 십자가에서 돌아가신 뒤에 오순절 다락방에서 시작된 초대교회는 정말 아름다운 공동체였다. 자신의 것을 다 주어도 아깝지 않은 사랑의 공동체였다. 바로 교회의 이상적인 모습이 실현된 것이다. 지금 이 시대에는 이런 공동체에 대한 갈증이 있다. 시대가 발달하면 할수록 인간은 더 고립되어 가고 외로움에 빠져버린다. 현대인들은 신뢰할 수 있는 공동체에 대한 기갈에 빠져 있다.

성경적인 공동체를 이루고 만들어가는 것은 가치 있는 일이다. 예수님은 십자가에 못 박히시기 전에 교인들의 하나 됨을 위해 간절히 기도하셨다(요 17:21). 예수님은 교회를 위해 자신의 생명을 주셨다(엡 5:25). 성경은 교회를 그리스도의 몸, 신부, 군대라고 말씀한다. 그러나 초대교회가 말하는 성경적인 교회로 돌아가려면 많은 노력이 필요하다.

내가 아는 친구 목사는 어느 날 깊은 충격을 받았다. 이유는 이렇다. 교회 성가대 대원이었던 한 형제를 교회 옆 골목에서 만나 인사를 나누었다.

"형제님, 잘 지내고 있지요?"

"네. 목사님, 잘 지내고 있습니다."

그날이 토요일 오후였다. 그런데 그날 밤에 그 형제가 자살했다는 것이다. 그 형제는 금요일 밤에 가족 모임에 참석했는데, 결혼하지 않는 문제로 가족들과 심하게 다투었다. 그리고 그날 밤 그런 일이 벌어진 것이다. 목사를 만났을 때 그 형제는 엄청난 고민이 있었지만 그냥 형식적인 인사만 나눈 것이다. 친구 목사는 이런 목회에 회의를 느꼈다. 마찬가지로 우리는 교회에서 너무나 형식적인 인사만 나눈다. 이런 만남에는 생명력이 없다.

우리 주위에 이단에 빠진 사람들이 있다. 그들에게 다가가서 당신이 가는 곳은 이단이니 가지 말라고 하여도 듣지 않는다. 그들은 자신이 가고 있는 곳이 이단이라는 것을 알면서도 계속 간다. 왜 가느냐고 물으면 "내가 태어나서 이만큼 나를 사랑해주는 장소를 본적이 없다"고 말한다. 그들은 사랑에 목말라하는 것이다. 우리는 좋은 교회 공동체 모습을 이단에게 빼앗겼다. 이 빼앗긴 사랑의 공동체를 교회에서 다시 회복해야 한다. 성경은 우리가 서로 지체라고 말한다.

> "이와 같이 우리 많은 사람이 그리스도 안에서 한 몸이 되어 서로 지체가 되었느니라"(롬 12:5).

'지체'라고 말하면 마음에 잘 와 닿지 않는다. 이렇게 말하면 더 좋겠다. "우리는 서로의 팔다리입니다." 다소 우습게 들리지만 훨씬 쉽게 와 닿는 표현이다. 나는 지난 40년 동안 교회를 다녔지만 그런 관계를 맺어본 적이 없다. 그런데 우리 교회를 셀교회로 전환한 후부터 그런 관계를 경험하고 있고, 또 앞으로도 계속 그렇게 생활할 것이다. 셀교회에서 모이는 셀모임은 단순한 구역모임이나 성경공부 모임이 아니다. 여기에서는 예수님을 경험할 수 있다. 건강한 공동체가 되려면 몇 가지 전제가 있어야 한다.

첫째, 가면을 벗어야 한다.

셀모임이 성공하려면 셀모임에 참석한 모든 사람이 다 가면을 벗어야 한다. 가면을 쓰고 만나면 만남에 진전이 없고 서로에게 아무런 영향을 줄 수 없다. 사람은 가면을 벗을 때 아주 깊은 것을 나눌 수 있다. 셀모임 안에서 가면을 벗고 자신의 모든 허물과 실수를 나누고 기도를 부탁할 때 놀라운 일이 일어난다. 오늘날 기성 교회에서는 이런 모습을 찾기 어렵다. 하지만 셀모임에서는 정직하게 서로 죄를 고백하고 회개하며 기도할 때 성령의 역사가 일어난다.

보통 부부는 인간관계 중 가장 가깝고 친밀하며 최고의 관계가 된다. 이렇게 좋은 부부관계를 계속 유지하려면 서로 비밀이 없어야 한다. 벌거벗었으나 부끄럽지 않은 관계가 바로 부부관계이다. 그래서 부부 사이에는 아무런 비밀이 없다. 비록 부부지만 비밀이 있다면 '한 지붕 밑의 서로 다른 타인'이 되고 만다.

미국에 있는 유학생이 방학이 되어 우리 교회에 와서 주일 예배를 드린 후 대학부 셀모임에 참석하게 되었다. 그런데 그곳에 참석한 사람들이 모두 가면을 벗고 서로 자신의 허물을 나누는 모습에 큰 충격을 받았다. 자신이 20년 넘게 신앙생활을 하였지만 이런 솔직한 모임은 평생 처음 보는 모습이라고 하였다. 자신의 모습을 솔직하게 내놓고 기도를 요청하는 모습은 보는 이로 하여금 충격을 준다.

"도대체 여기는 무슨 모임이기에 이런 부끄러운 일까지 솔직히 내놓을까?"

우리가 전 교인에게 나 자신의 연약함을 다 열어 보일 수는 없다. 하지만 내가 속한 소그룹모임, 즉 셀모임에서는 나 자신을 열어 거짓 없이 보여줄 수 있다. 야고보서는 이렇게 말한다. "그러므로 너희 죄를 서로 고백하며 병이 낫기를 위하여 서로 기도하라. 의인의 간구는 역사하는 힘이 큼이니라"(약 5:16). 만약 우리가 서로의 죄를 솔직하게 나눈다면 놀라운 치유가 일어날 것이다.

거짓 속에는 사탄이 역사하고
정직한 곳에는 성령이 역사하신다.
하나님은 우리가 빛 가운데 거하길 원하신다.

사탄은 우리의 허물을 어둠 속에 계속 숨겨두길 원한다. 그래야 사탄이 계속 힘을 가질 수 있기 때문이다. 그러나 우리가 우리 안에 있는 어둠을 빛 가운데 드러낼 때 어둠은 사라지게 된다. 어둠은 우리의 실수와 상처와 죄를 키우는 온상이다. 우리의 셀모임 안에 우리 죄를 내놓는 순간 죄가 가지고 있던 권세는 사라진다.

부끄럽지만 우리의 허물과 죄를 빛 가운데 내놓으면 성령 하나님께서 역사하신다. 나 자신의 죄를 다른 사람들에게 내놓는다는 것은 정말 어려운 일이다. 하지만 셀모임은 이것을 선행하여야 한다. 정말 만남이 깊어지길 원하면 가면을 벗어야 한다. 아무리 가까운 가족이라고 하여도 가면을 쓰고 만나면 그 만남에는 아무런 친밀함도, 아무런 힘도 없다.

우리 교회의 셀모임에서는 부부싸움을 한 일이나 어려운 일을 모두 다 숨김없이 나눈다. 처음에는 부부의 일을 셀에서 나누었다고 다투는 부부도 있었다. 그러나 차차 시간이 지나면서 이렇게 정직하게 나눌 장소가 있다는 것이 큰 힘이 되고, 그 모임이 자신들의 부부 생활을 유지하게 하는 힘이 되어 준다고 말한다.

모든 사람은 진실한 만남을 기대한다. 하나님께서 우리 인간을 정직하게 살도록 만드셨기에 가면을 쓰는 것은 불편한 일이다. 우리는 원래 하나님께서 만드신 모습으로 회복되어야 한다. 신약에서 교회론을 가장 잘 말하고 있는 에베소서에서는 교인끼리 서로 정직하게 말하라고 한다. "그런즉 거짓을 버리고 각각 그 이웃과 더불어 참된 것을 말하라. 이는 우리가 서로 지체가 됨이라"(엡 4:25).

둘째, 비밀을 지켜주어야 한다.

셀원들이 남의 허물을 곳곳에 말하고 다닌다면 아무도 자신의 허물을 드러내지 않을 것이다. 셀원들은 서로 서약해야 한다.

"나는 당신이 나눈 비밀을 아무에게도 말하지 않고 굳게 지키겠습니다."

누구나 셀원이 되려면 먼저 셀원에게서 들은 허물과 약점은 결코 아무에게도 말하지 않겠다고 약속해야 한다. 셀에서 들은 셀원들의 실수와 약점에 대해서는 배우자에게도 말하지 않고 무덤까지 그냥 가져가겠다고 약속해야 한다. 이런 신뢰가 생겨야 셀원들이 자기 속마음을 털어놓고 자신의 허물을 내놓는다.

교회를 오래 다닌 사람일수록 속마음을 여는 것을 두려워한다. 그들은 자기 행위가 교회의 소문이 되어 떠도는 것을 무서워한다. 원래 교회는 말이 많은 곳이다. 어떤 사람은 작은 눈송이 같은 소문을 점점 크게 굴려 나중에는 집채만 하게 해서 주위에 있는 여러 사람을 다치게 한다. 그래서 보통 기성 교인들은 교회 안에서 자신을 적당히 숨긴다.

교회에 오래 다닌 사람들은 교회에서 잘 생존하는 비법을 몸에 터득한 자들이다. 그들은 절대 자신의 약점이나 실수를 말하지 않고 그냥 적당히 미소만 짓고 모든 교인과 적당한 거리를 두고 신앙생활을 한다. 이런 사람이 셀모임에서 자신의 연약함을 드러낸다는 것은 거의 불가능한 일이다. 그러나 내 실수나 약점을 철저히 가려주고 그 약점을 나의 약점으로 알고 간절히 기도해주는 사람들이 있다면 아무리 굳게 닫은 마음이라도 문을 열 것이다.

셀모임에 참석하는 셀원들은 서로가 영적인 가족이다. 진정한 가족은 가족들의 허물을 떠벌리지 않고 보호해준다. 셀은 영적 가족 공동체이다. 아버지는 결코 아들의 잘못을 말하지 않고 아들의 장점만 자랑한다. 어머니는 결코 딸의 허물을 말하지 않고 딸의 장점만 말하고 딸 안에 있는 잠재력을 부각시킨다. 가족이기에 그렇다. 셀모임에 참석하는 모든 사람은 서로 영적인 가족이 되어야 한다. 예수님과 제자들은 영적인 가족이 되었다. 예수님은 베드로의 차디찬 배반을 다 알고 계셨고, 또 그 쓰라린 배반을 맛보셨다. 하지만 예수님은 한 번도 베드로의 실수를 떠벌리고 다니거나 말씀하신 적이 없으시다.

셋째, 셀모임은 서로 세워주어야 한다.

셀원들은 상대방의 단점과 약점을 알아도 그것을 나의 약점으로 알고 기도하고 도와준다. 그리고 할 수 있는 한 서로 세워준다. 사탄이 역사하는 공동체는 서로를 파괴하고 예수님이 역사하는 공동체는 서로를 세워준다. 사탄의 특징을 한마디로 말하면 관계를 파괴하는 것이다. 사탄의 이름 중에 요한계시록에 나오는 '아볼루온'이라는 이름의 뜻은 '파괴자'란 뜻이다. 즉 사탄은 관계를 파괴하는 자이다. 반면에 예수님은 관계를 세우신다. 예수님이 가는 곳마다 병든 자가 나았고, 죽은 자가 살아났으며, 비전 없는 자가 비전을 가졌고, 포로된 자가 자유롭게 되었다.

우리가 상대방을 비난하고 욕한다면
사탄의 도구로 사용되는 것이고
상대방을 세워주고 격려한다면
예수님의 도구로 사용되는 것이다.

우리는 예수님의 도구로 사용되어 우리 주위에 있는 모든 사람을 세우는 자로 살아야 한다. 셀 안에서는 비판이나 비난의 말을 하지 않고 셀원들을 진정으로 격려하고 세우는 말만 하기로 원칙을 정해야 한다. 예수님은 성격이 급하고 충동적인 시몬을 베드로라고 부르시면서 시몬 안에 숨어 있는 미래를 보시고 반석이라고 부르셨다. 사실 예수님께서 시몬을 베드로라고 부르실 때 그에게는 반석 같은 모습이 전혀 없었다. 그가 하는 말마다 대부분 바위 쪼가리 같은 실수투성이였다. 그러나 예수님은 언제나 그를 반석이라고 불러주셨다. 결국 베드로는 예수님이 승천하신 뒤 성령을 받고 그의 반석 같은 모습이 드러나기 시작하였다.

예수님은 격려의 대가셨다. 예수님을 만난 사람은 모두 세움을 받았고 살아났다. 우리도 사람을 격려하는 자로 살아야 한다. 우리 셀원 안에 숨겨진 잠재력을 발굴해내어 그것이 꽃피도록 환경을 조성해주어야 한다. 셀원이 자신을 드러낼 때 그 사람 안에 있는 90%의 실수를 보기보다는 10%의 숨은 잠재력을 끄집어내어 칭찬해주어야 한다. 이것이 셀을 든든히 하는 비결이다.

마리아의 친척이었던 엘리사벳은 마리아가 자신의 집에 찾아왔을 때 "내 주의 어머니가 내게 나아오니 이 어찌 된 일인가"(눅 1:43)하며 마리아를 존귀하게 여겼다. 엘리사벳은 그 당시 제사장의 부인이었고, 마리아보다 나이도 훨씬 많은 여성이었다. 그러나 그녀는 보잘것없는 시골 처녀를 자신보다 귀하게 여겼다. 엘리사벳은 "썩 물러가거라! 우리 집이 어떤 집인데 감히 제사장의 집에 부정한 여인이 임신해서 발을 내딛느냐"라고 말할 수도 있었다.

그러나 엘리사벳은 오히려 따뜻한 마음으로 마리아를 격려해주었다. 엘리사벳의 언어에는 어린 마리아를 귀히 여기는 마음이 배어 있었다. 이런 어머니 밑에서 자란 세례 요한은 나중에 예수님을 향해 "그는 흥하여야 하겠고 나는 쇠하여야 하리라 하니라"(요 3:30)는 위대한 말을 하게 된다.

사도 바울은 "오직 겸손한 마음으로 각각 자기보다 남을 낫게 여기고"(빌 2:3)라고 말하였다. 셀원들은 내 주위에 있는 모든 셀원을 나보다 낮게 여겨야 한다. 만약 모든 셀원이 서로 격려하기로 마음먹는다면 그 장소는 천국이 될 것이다.

우리 교회 셀원들은 금요일이 기다려진다고 한다. 일주일 중에 가장 신나는 날이 셀이 모이는 금요일이라고 말한다. 왜 그럴까? 여러 가지 이유가 있겠지만 그중에 가장 큰 이유는 셀이 모이면 서로 격려하고 세워주기 때문이다.

미국에는 알코올 중독자들을 위한 모임이 있다. 그곳에 참여하는 사람들은 알코올 중독으로 인해 너무나 큰 어려움을 겪고 있는 사람들이다. 그래서 이런 모임에 참석하여 자신의 상태를 알리고 그들과 친해지면서 서로 알코올 중독에서 벗어나는 데 도움을 받고자 한다. 그들은 모임에 참석하여 자신의 중독 상태를 정직하게 알린다. 그러면 그곳에 있는 모든 사람이 최대한의 연민을 가지고 경청하고 따뜻하게 응답해주고 손을 잡아주고 어깨를 두드려주며 서로 격려한다. 왜냐하면 모두 같은 문제로 고통받고 있기 때문이다.

　그곳에서는 그 문제를 안고 있는 것에 대해 아무도 비난하지 않는다. 오히려 모두가 서로 도와주려고 노력한다. 그래서 그들은 어떤 장소에서도 느끼지 못한 따뜻함을 경험하게 된다. 이들은 만약 교인 앞이나 친구 앞에서 자신의 중독 상태를 말하면 자칫 비웃음을 사거나 따돌림을 받을 것이라는 두려움을 가지고 있다. 그래서 그들은 자신과 비슷한 상태에 있는 알코올 중독자 모임에 가길 원한다. 동병상련이라고 했던가? 그들은 모두 상대방을 위해 서로 도움이 되겠다는 마음을 가진다.

　어떤 사람은 자신이 금주를 선언하였지만 술을 먹지 않으면 안 되는 상황이 올 때 도무지 견디지 못해 술을 먹기 전에 그 모임에서 만난 친구에게 전화한다. 그러면 그 친구는 잠깐만 기다리라고 하며 그 시간이 밤이든 새벽이든 찾아가서 술을 먹지 않고 그 위기를 이기도록 도와준다. 이것이 알코올 중독자들을 위한 모임이 갖는 힘이다. 이 세상에 있는 알코올 중독자 모임에서도 서로 세워주고 돕는데 우리는 더욱더 서로를 격려하고 세워주는 관계가 되어야 하지 않겠는가? 성경에는 어느 곳에서나 서로 세우라고 말씀하고 있다.

　　"그러므로 우리가 화평의 일과 서로 덕을 세우는 일을 힘쓰나니"(롬 14:19).

　　"그러므로 피차 권면하고 서로 덕을 세우기를 너희가 하는 것

같이 하라"(살전 5:11).

초대교회 교인들은 집집마다 모여 서로를 격려하고 세워주었다. 그래서 그 모임에는 늘 감동이 있었고 기쁨이 넘쳤다. 그들은 말로만 격려하는 것이 아니라 자신의 재산을 내주면서까지 서로를 세워주었다. 이런 초대교회의 모습은 세상 어디에서도 볼 수 없는 독특한 공동체였다. 오늘날의 교회도 이것을 회복하여야 한다.

건강한 몸은 온몸에 영양분이 골고루 흐른다. 팔만 굵다든지 주먹만 크다든지 한다면 그는 기형적인 몸을 가진 자다. 건강한 교회는 재정이 눈에 보이지 않게 연약한 곳으로 스며들어 가야 한다. 아마 이 글을 읽는 독자는 현대교회에서 이것이 가능할까라고 의심할 수도 있을 것이다. 그렇지만 건강한 셀교회는 이것이 가능하다. 불가능한 것을 성경에 기록할 이유가 없다. 건강한 셀은 셀원들의 연약함을 보고 섬겨주고 세워준다. 이런 셀은 큰 힘을 가진다.

고린도전서 14장 1절에 보면 "사랑을 추구하며 신령한 것들을 사모하되 특별히 예언을 하려고 하라"고 말씀한다. 여기의 예언은 격려를 말한다. 우리는 셀원끼리 모이기만 하면 무엇보다 세우는 말을 하고 기도하여야 한다. 고린도전서 14장 3절에는 "예언하는 자는 사람에게 말하여 덕을 세우며 권면하며 위로하는 것이요"라고 말씀하고 있다. 예언이라는 것은 미래를 일찍 말하는 것이 아니라 덕을 세우며 권면하고 위로하는 것이라고 설명하고 있다. 즉 성경이 말하는 예언은 격려이다.

미국의 16대 대통령인 링컨은 노예제도를 폐지하려고 하였기에 수많은 비난과 심한 중상모략을 당하였다. 그는 그 당시 언론으로부터 엄청난 비난을 받았다. 그가 대통령이 되자 노예제도 폐지를 반대하던 남부 사람들이 전쟁을 일으켜 남북전쟁이 일어났다. 링컨은 56세 때 남부 청년에게 암살당하였다.

미국 워싱턴에 가면 스미소니언이라는 유명한 박물관이 있는데 그곳에는 링컨이 암살당하던 날 링컨의 호주머니에서 발견된 것이 전시되어 있다. 그것은 링컨의 이름을 수놓은 작은 손수건 한 장과 링컨 대통령을 칭찬하는 기사가 나와 있는 낡은 신문 조각이다. 그 신문 기사에는 이런 글이 있었다. "에이브러햄 링컨은 역대 정치인 중에서 최고의 정치인 중 한 사람이다." 링컨은 수많은 비난 속에서 이 격려의 글을 붙잡고 그의 길을 걸어간 것이다.

나의 모든 모습을 숨기거나 위장하지 않고
그냥 있는 모습 그대로를 다 말할 수 있는 장소.
나의 모든 허물을 자신의 아픔으로 생각하고
기도해주고 내 모든 비밀을 지켜주는 장소.
나의 약점을 알고 비난하기보다
나를 격려해주고 세워 주는 장소.

우리는 이런 장소에 가고 싶어 한다. 세상에 그런 장소가 어디 있느냐고 말하지 말고 우리가 그런 셀을 만들어야 한다.

18세기에 아주 대조적인 두 명의 영적 거장이 있었다. 존 웨슬리와 조지 휘트필드이다. 사람들은 웨슬리는 잘 알지만 휘트필드는 잘 모른다. 그러나 실상은 그 당시에 휘트필드가 훨씬 더 유명한 사람이었고 큰 영향력을 끼친 사역자였다. 그런데 왜 휘트필드보다 웨슬리가 더 알려졌는가? 휘트필드는 대중설교가였다. 그가 설교하면 수만 명이 몰려들었다. 반면 웨슬리는 전략가였다. 그는 대중집회 뒤의 후속 조치에 대한 고민을 많이 한 사람이다.

웨슬리는 'Holy club'이라는 모임을 만들어 예수님을 믿는 사람끼리 소그룹으로 모여 서로의 죄를 고백하고 자신의 삶을 진단하는 일을 하였다. 이런 작은 모임을 만든 것이 감리교의 속회가 되었다. 휘트필드는 많은 사람을 모으는 일을 하였지만 사람들을 담는 그릇을 만들어내지 못한 반면, 웨슬리는 소수의 사람이라도 모일 수 있는 사람을 담는 그릇을 만들었던 것이다. 일종의 작은 셀이었다. 그래서 휘트필드가 모은 대중은 다 사라졌지만 웨슬리가 만든 셀은 온 세상에 강력하게 퍼져나간 것이다.

사람은 혼자서 신앙을 잘 지킬 수 없다. 누군가가 나를 진단해주는 사람이 있어야 조심하고 건강하게 성장한다. 오늘날 그리스도인들의 신앙이 잘 성장하지 않는 이유는 자기 혼자 신앙을 지키려고 하기 때문이다. 아무리 혼자 결단하고 결심해도 누군가가 나를 지켜주고 진단해주는 사람이 없으면 그 결심이 오래가지 못한다. 왜 우리가 새해에 결심한 것이 지켜지지 않는가? 그것은 혼자 결심했기 때문이고 아무도 점검해주는 사람이 없기 때문이다. 히브리서에서는 매일 피차 권면하는 자가 있으면 죄를 이기게 된다고 말씀한다.

"오직 오늘이라 일컫는 동안에 매일 피차 권면하여 너희 중에 누구든지 죄의 유혹으로 완고하게 되지 않도록 하라"(히 3:13).

예수님은 두세 사람이 예수님의 이름으로 모이는 곳에 함께하신다고 약속하셨다.

"두세 사람이 내 이름으로 모인 곳에는 나도 그들 중에 있느니라"(마 18:20).

우리 교회에서는 매주 셀 안에서 두세 명이 '상호책임 질문'을 하여 자신의 신앙을 점검받는다. 처음에는 이 시간이 부담스럽다고 하더니 이제는 너무 좋다고 한다. 우리 교회에서 하고 있는 상호책임 질문의 내용을 소개해본다(102-103쪽 참조).

주님은 "너희가 서로 사랑하면 이로써 모든 사람이 너희가 내 제자인 줄 알리라"(요 13:35)고 말씀하셨다. 먼저 교회 안에서 나의 모든 것을 주어도 아깝지 않은 관계가 이루어져야 한다. 교회에 정말 뛰어가서 안아주고 싶은 사람이 있어야 한다. 한 사람을 진실하게 사귀지 못한다면 여러 사람도 진실하게 사귀지 못한다. 다윗에게는 요나단이 있었다. 다니엘에게는 사드락과 메삭과 아벳느고가 있었다. 예수님에게는 베드로와 요한과 야고보가 있었다. 베드로에게는 요한이 있었다. 바울에게는 바나바가 있었다.

당신에게도 당신 목숨을 주어도 아깝지 않은 적어도 세 명의 친구는 있어야 한다.

"만약 당신이 오늘 죽는다면 당신의 관을 들어줄 친구가 있는가?"

"내가 부르다 죽을 친구의 이름이 있는가?"

그런 친구가 없다면 겸손하게 마음을 낮추고 셀모임 속으로 들어가라. 사람은 결코 혼자 성숙해지지 않는다.

히브리서 10장 25절에 보면 "모이기를 폐하는 어떤 사람들의 습관과 같이 하지 말고 오직 권하여 그날이 가까움을 볼수록 더욱 그리하자"고 말씀하고 있다. 나에게 이런 소그룹 공동체가 없다면 우리는 하나님의 아주 중요한 계획을 무시하고 있는 것이다. 이런 영적인 가족은 혈연관계로 만들어지는 가족보다 더 중요하다. 왜냐하면 영적인 가족은 영원토록 계속되는 가족이기에 그렇다. 사람은 혼

〈 셀모임을 위한 상호책임 신앙 점검표 〉	
서약	"나는 당신을 무조건적으로 받아들입니다." "나는 당신의 비밀을 지킵니다." "나는 가면을 벗습니다." "나는 약하지만 성령님의 통로가 되겠습니다."
하나님과의 관계	1. 기도 생활을 하였습니까? _____ 분 2. 성경 읽기를 하였습니까? _____ 장 주중에 은혜받은 말씀을 나누십시오.
개인 생활	3. 당신은 고백해야 할 죄가 있습니까? (교만, 성적인 죄, 말하지 못한 것 등) 4. 이번 주에 어떤 유혹을 받았습니까?

	5. 당신은 다른 사람과 관련된 죄가 있습니까?
	(험담, 판단, 빈정댐, 미움 등)
다른 사람과의 관계	6. 당신은 그리스도를 위해 영혼을 구하고자
	무엇을 하였습니까?
	(복음 전도와 VIP를 위해 한 일)

* 마지막을 기도로 합니다.

　하나님 ○○○형제(자매)가 연약함을 고백했습니다.

　내가 치유를 위해 기도합니다. 이런 죄에서 자유롭게 해주옵소서.

　주님의 진정한 제자가 되기를 원합니다. 예수님의 이름으로 기도합니다.

* 기도 후 성령께서 상대방을 세워주기 위해 주신 말씀이나

　격려의 말을 하십시오.

　(이 격려의 말은 기도할 때 성령 하나님께서 떠오르게 하셨던

　성경 말씀, 좋은 말, 어떤 단어, 어떤 이미지에 관한 내용을 말합니다.)

자서는 결코 사랑을 느낄 수 없다. 우리에게는 사랑의 관계를 맺는 공동체가 꼭 필요하다. 세상에 완벽한 공동체는 없다.

독일의 복음주의 신학자 본 회퍼는 이런 말을 하였다. "믿는 사람이 모인 공동체 자체보다 자신의 꿈을 더 사랑하는 사람은 그 공동체를 파괴하는 사람이다. 만일 우리가 속한 공동체에 대한 경험이나 예산 부족, 약점, 작은 믿음, 그리고 어려움에도 불구하고 매일 감사하지 않으면서 모든 것이 하찮고 사소하다고 불평만 한다면 우리는 하나님이 세우신 공동체의 성장을 막는 것이다."

"내가 원하는 공동체는 없다"며 하나님이 디자인하신 교회 공동체를 버린다면 그는 어리석은 사람이다. 좋은 공동체는 내가 만들어 가는 것이다. 교회는 불평을 말하는 사람보다 작은 사랑이나마 실천하는 사람을 더 필요로 한다. 빛이 없다고 탓하지 말고 당신이 빛이 되라.

인생에서 가장 중요한 것은

성공이나 업적이나 성취나

위대함이나 유명함이 아니라

사랑의 관계이다.

가치 있는 일이란?

1. 당신의 항아리에 가장 먼저 넣어야 할 큰 돌은 무엇입니까?

2. 하나님을 사랑하기 위해 당신이 하고 있는 일을 구체적으로 나누어 보세요.

3. 가족과 휴가를 언제 보낼 것인가를 생각해 보십시오. 그리고 가족과 좋은 시
   간을 가졌던 경험을 나누어 보세요.

4. 당신의 자녀를 주의 군사로 키우기 위해 무엇을 하고 있는지 나누어 보세요.

5. 당신의 셀 모임에서 지금 서로 세워주는 말을 해 보세요.

위대한 핵심 가치의 힘

예수님의 핵심 가치를 배우라

마가복음 1장 21절을 보면 예수님께서 사역을 시작하셨을 때 귀신을 쫓아내시고 병든 자를 고쳐주셨다. 이 소문이 온 갈릴리에 퍼지자 수많은 사람이 몰려왔다. 모든 사람이 예수님의 능력과 말씀을 인정하였다. 가만히 있어도 사람들이 찾아오는 환경이 조성되었다. 이른 새벽에 예수님의 제자들이 기도하시는 장소에 찾아와 사람들이 찾으니 마을로 가자고 할 때 예수님은 이렇게 말씀하셨다.

"이르시되 우리가 다른 가까운 마을들로 가자. 거기서도 전도
하리니 내가 이를 위하여 왔노라 하시고"(막 1:38).

예수님은 마을 사람들의 요청을 뿌리치시고 일찍 그 마을을 떠
나셨다. 예수님은 복음을 전하려고 이 땅에 오셨다고 말씀하셨다.

예수님의 가치는 사람들의 인기에 있지 않고
복음 전하는 것에 있었다.
예수님의 가장 큰 관심은 영혼 구원에 있었다.

예수님은 사람들의 인기나 칭찬에 관심이 없었다. 언제나 영혼
구원에 관심을 가졌고, 언제나 영혼 구원을 위한 십자가에 관심을
두고 사셨다. 누가복음 9장 43~45절을 보면 예수님은 귀신 들린 아
이의 병을 고쳐주셨다. 사람들은 하나님께서 역사하시는 것을 보며
놀라고 하나님에 대한 경외감이 생겼다. 사람들은 예수님을 칭찬하
였고 예수님의 인기는 올라갔다.

그때 예수님은 곧바로 자신의 죽음을 예고하셨다. 예수님의 죽음
에 대한 예고는 누가복음 9장 전체에 흐르는 메시지다. 예수님은 오
병이어 기적을 이루신 후 자신의 죽음과 부활을 말씀하셨다(눅 9:22).
예수님은 베드로와 요한과 야고보를 데리고 변화산에 가서도 자신
의 죽음을 말씀하셨고(눅 9:28-31), 변화산 아래서 귀신 들린 소년을

치유하시고도 죽음을 말씀하셨다(9:43-45).

예수님은 자신이 어디를 향해 걸어가야 하는지 분명하게 알고 계셨고, 그 길을 향해 나아가셨다(눅 9:51). 예수님은 자신이 이 땅에 오신 목적을 향해 가고 계셨고, 늘 그것을 말씀하셨다. 예수님은 오병이어 기적 후 사람들이 하는 칭찬에 귀 기울이지 않으셨다. 예수님은 자신이 귀신 들린 아이의 귀신을 쫓아내고 '내가 대단하지, 난 정말 엄청난 사람이야' 하고 교만해지지 않고, 곧바로 죽음에 대해 말씀하셨다. 예수님의 관심은 고난의 길이었고 십자가였으며 죽음이었다. 예수님의 관심은 온 인류를 구원하는 것이었다.

믿음의 사람은 죽음을 무서워하면 안 된다. 사람은 얼마나 오래 사느냐가 중요한 게 아니라 얼마나 가치 있게 사느냐가 중요하다. 세상을 너무 좋아하는 사람은 천국을 믿지 않는 자이다. 불신자들의 죽음은 비극이지만 우리 믿음의 사람은 죽는 것도 유익하다(빌 1:21). 복음 안에 사는 사람은 죽어도 괜찮다.

예수님께서 죽음을 말씀하셨으나 제자들은 예수님의 죽음에 대해 관심이 없었다. 아니 예수님의 죽음에 대해 무서워하였다. "뭐, 좋은 일들이 많은데 죽음을 생각하나" 하였던 것이다. 오히려 제자들의 관심은 누가 크냐는 것이었다. 제자들은 자기 집도 버리고 직업도 버리며 예수님을 따라다니는 참으로 헌신된 사람들이었다. 그러나 그들은 예수님의 관심을 모르고, 예수님의 가치도 모르고, 서로 높은 자리를 차지하겠다고 다투고 있었다.

우리가 헌신했다고 가치가 바뀌는 것이 아니다. 헌신했다고 교만이 없는 것도 아니다. 창세부터 지금까지 사탄은 우리 마음에 교만이라는 죄를 짓도록 작용한다. 교만으로 에덴동산이 무너졌고, 교만으로 언어가 나누어졌으며, 교만으로 교회가 무너졌다. 우리는 이 높아지고자 하는 마음을 다스려야 한다. 이 높아지고자 하는 마음은 권력욕과 관계있다. 교만은 온갖 추악한 행동을 낳는다. 우리는 이 높아지고자 하는 마음이나 대접받고자 하는 마음을 버려야 한다.

예수님은 예루살렘으로 향하기로 굳게 결심하셨다(눅 9:51). 주님의 눈앞에는 제자들의 차디찬 배신과 버림, 그리고 무리의 조롱과 욕설, 군병들의 채찍과 가시면류관, 뺨을 때리고 침 뱉는 짓, 잔인한 채찍질, 양손과 발에 못 박음, 십자가의 고난 등이 그려졌을 것이다. 예수님은 이제 6개월 후면 십자가에 달려 죽어야 한다는 사실을 알고 계셨다. 그러나 주님은 이 길을 가지 않으면 안 되었다. 이 길은 고난의 길이며 죽음의 길이었다.

인생을 사는 데는 죽는 것보다 더 소중한 것이 있다.
분명 인생에는 생명보다 귀한 것이 있다.
그것은 하나님의 뜻을 행하는 것이다.

예수님은 자신의 죽음으로 모든 영혼을 구원하는 것이 삶의 목적이었다. 히브리서에 이런 말씀이 있다.

"그 앞에 있는 기쁨을 위하여 십자가를 참으사 부끄러움을 개의치 아니하시더니 하나님 보좌 우편에 앉으셨느니라"(히 12:2).

예수님은 영원한 즐거움을 보시고 지금의 부끄러움을 이기셨다. 예수님은 자신의 죽음을 말하고 사마리아 촌으로 가셨다(눅 9:52). 사마리아인들이 예수님이 자기 마을에 들어오는 것을 거절하자, 성격 급한 야고보와 요한이 불이 내려와 이들을 죽게 해버리자고 말하였다. 그들은 편협한 마음을 가진 자들이었다. 예수님은 이들을 꾸짖으셨다. 이와 같이 제자들은 아직도 우리 주 예수님의 주된 관심사가 무엇인지 알지 못했다. 그들은 주님이 가지고 계신 핵심 가치를 알지 못했다.

그 당시 제자들에게는 '복음 전도'라는 예수님의 가치가 없었다. 만일 우리가 복음을 거절하는 사람에게 화를 낸다면 예수님의 마음을 모르는 것이다. 예수님을 따르는 제자들은 헌신은 하였지만 능력도 없었고 이웃을 향한 사랑도 없었다. 무엇보다도 그들은 예수님의 관심과 가치를 몰랐다.

예수님의 관심은 복음을 전하는 것이었다. 그래서 예수님은 다시 다른 마을로 가셨다. 예수님의 가치는 영혼 구원이었다. 그래서 예수님은 죄인들에게 다가가는 것을 좋아하셨다. 예수님이 다가간 사람은 도덕적으로 바로 살지 못하는 사람들, 병든 사람들, 믿음이 없는 사람들, 세리들, 죄인들이었다. 예수님의 이런 모습을 본 종교 지도자들은 머리를 흔들며 예수님의 행동을 비난하였다. 그들은 예수님에게 '죄인들의 친구' 라는 별명을 붙여주며 멸시하였다. 그래도 예수님의 관심은 복음을 알지 못하는 사람들에게 있었다.

이렇게 예수님을 비난하는 자들에게 예수님은 세 가지 비유를 연속으로 말씀하셨다. 우리가 잘 아는 '길 잃은 양의 비유', '잃어버린 동전의 비유', '집 나간 탕자의 비유' 이다. 예수님은 이 세 비유를 통해 하나님이 잃어버린 영혼을 얼마나 소중히 여기시는지 말씀하고 계신다. 우리는 주정꾼과 죄인들을 무시하고 지나쳐버릴 수 있어도 예수님은 결코 그들을 포기하지 않으시고 구원하길 원하신다.

어느 날 예수님은 삭개오가 나무에 올라가 있는 것을 보시고 그의 집에 가야겠다고 하셨다. 유대인들은 초대하지 않았는데 찾아오는 것은 엄청난 실례였다. 그런데 예수님은 삭개오의 가슴에 초청장을 쏘았다. 예수님께서 유대인이 싫어하는 세리장을 찾아간다는 것은 일반 유대인들이 생각하지 못하는 엄청난 파문이 이는 일이었다. 예수님은 이 자리에 혼자 가시지 않고 제자들을 데리고 가셨다. 예수님은 제자들의 가치를 변화시키고 계신 것이었다. 그 당시 지도자인 바리새인들이 가진 거룩함은 죄인들과 멀어지는 거룩함이었다.

그러나 예수님의 거룩함은 죄인들을 만나는 거룩함이었다.

진정한 지도자는 산속에 사는 사람들이 아니라
죄인들을 만나 영향을 주는 사람이다.

그리스도를 믿는 우리는 예수님이 그랬던 것처럼 복음 전도에 대한 가치를 가져야 한다. 예수님의 핵심 가치는 영혼 구원이기 때문이다.

크레이그 필립스라는 사람은 부와 명예가 보장된 사람이었다. 그는 리글리가의 재산을 다 상속받은 재벌 2세였다. 그는 불우 이웃을 돕는 일에 뛰어들었고, 교회도 두 개나 세웠으며, 84세에 크로스 선교회도 이끌어갔다. 그는 이런 글을 썼다.

"나는 500개의 지사를 둔 루프 주식회사에서 좋은 자리를 제의받아 근무하고 있었다. 내 나이 27세 때 회사에 출근하면서 길거리에 누워 있는 사람을 보았다. 나는 그 사람을 지나치긴 하였지만 더 이상 걸어갈 수가 없었다. 나는 그 사람 가까이에 가서 '예수님, 당신입니까?'라고 물었다. 나는 그 사람이 예수님이 아니라는 것은 알았지만 그곳에 예수님이 계신다는 생각이 들었다.

'주님, 제가 물질만 위해 사는 잘못된 길을 가고 있습니까?'
예수님은 내게 분명하게 대답하셨다.

'그렇다. 크레이그 나는 오래전에 너에게 이미 말하였단다.'

그날 나는 내 인생의 목표를 바꾸었다. 그때부터 내 인생은 기쁨으로 가득 찼다. 예수님은 내 인생의 망가진 부분들을 아주 많이 치료해주셨다. 주님이 주시는 기쁨은 세상 어떤 것과도 비교할 수 없는 것이었다. 주변의 사람들이 죽어가고 있다. 그들은 우리의 손길을 기다리고 있다. 골목길에 누워 있는 사람들, 사무실에 있는 사람들, 무너져가는 집에 있는 사람들, 그들은 오직 한 가지만 알면 된다. 예수님이 그들을 위해 돌아가셨고, 그들을 사랑하신다는 것을. 예수님은 그들을 기다리며 그들의 문을 두드리고 계신다. 예수님은 여러분이 지나다니는 길거리에 계신다."

예수님께서 하늘의 영광을 다 버리고 이 땅에 오신 이유는 잃어버린 영혼을 찾기 위함이었다.

> 예수님의 핵심 가치와 나의 핵심 가치를 비교해보라.
> 예수님의 관심과 나의 관심을 비교해보라.

개인의 핵심 가치를 찾으라

예수님은 승천하시면서 모든 민족을 제자로 삼으라는

대명령을 주셨다(마 28:19). 이것은 우리 그리스도인에게 주시는 대명령이다. 또 성령 충만함을 받고 땅끝까지 이르러 주님의 증인이 되리라고 하셨다(행 1:8). 예수님은 우리에게 땅끝까지 복음을 전하는 자로 살라는 복음 전도의 핵심 가치를 남기신 것이다.

많은 그리스도인이 복음 전하는 일을 언젠가 할 것이라고 막연하게 생각한다. 그들은 내가 특별한 날 복음을 전하며 살리라고 말한다. 그러나 그러한 일을 하게 될 특별한 날은 오지 않는다. 다만 오늘이 하나님이 주신 유일한 특별한 날일뿐이다. 아침에 눈을 뜰 때마다 오늘은 하나님이 내게 주신 특별한 날이라고 말하라. 예수님은 틈만 나면 복음을 전하셨다. 한 장소에서 기적을 일으키시고 사람들이 칭찬하고 흥분할 때 그 장소를 피해 복음을 전하려고 급히 다른 마을로 옮겨가셨다. 한 마을에 복음이 전파되면 또 다른 마을로 향하여 가시는 주님의 모습을 그려보라.

예수님의 최고의 관심은 복음을 전하는 것에 있었다.
나의 최고의 관심사는 무엇인가?

물고기 잡는 일에만 관심 있었던 어부 베드로인가? 아니면 사람을 낚는 일에 온 인생을 바치게 된 사도 베드로인가? 세금쟁이로 열심히 사람들의 호주머니에 있는 돈으로 내 호주머니를 채웠던 삭개오인가? 아니면 자신의 재산을 다 팔아 가난한 사람들에게 나누어주고 복음을 전하는 삭개오인가? 헌신은 했지만 높은 자리에 관심 많고 혈기 부리고 큰소리치는 우레의 아들 요한인가? 아니면 가치가 변한 사랑의 사도 요한인가?

세상에는 우리의 메시지를 기다리면서 죽어가는 사람이 너무나 많다. 오래전 남미 코스타에서 메시지를 전할 때 만난 한 선교사의 간증은 나에게 감동을 주었다.

이 선교사는 부부가 둘 다 의사였다. 그들은 대학 시절에 인생의 1/10은 주를 위해 살겠다고 결심했고, '전문의 과정을 마치고 아마존 정글에 들어가 복음을 전하며 살리라' 다짐하였다. 그리고 미국에 사는 부모님께 "아마존으로 들어가 하나님의 말씀을 전하겠다"고 말하였다. 그러자 그의 부모와 형제들이 극구 만류하며 말했다.

"왜 하필 네가 남미에 가는데? 수많은 선교사와 목사가 있는데…. 그냥 너도 미국에 와서 우리와 같이 살자. 그러면 얼마나 좋겠니?"

하지만 그는 "내 남은 생애를 복음을 들고 들어가 어렵고 힘든 자를 위해 살겠습니다"라며 결심을 굽히지 않았다. 결국 아버지는 아들의 의지를 꺾을 수가 없었다. 떠나는 아들에게 아버지는 이렇게 말했다.

"아들아, 나는 이제까지 나를 위해 살았단다. 그러나 너는 남을 위해 살겠다니 네가 훌륭하고 자랑스럽구나!"

그 부부는 평신도 의사 부부로 전기도 없고 문화시설이 열악한 아마존 지역을 향해서 갔다. 그들이 그 지역에 들어간 것은 박애정신이 아니라 주님의 명령을 기억했기 때문이다. 처음에는 2~3년 정도 있으려고 했는데, 지금은 10년이 넘도록 그곳에서 사역하고 있다. 그는 코스타에 참여한 수많은 청년에게 이런 말을 하였다.

"나는 나의 생애가 그리스도를 위한 생애가 되길 바랍니다."

그의 고백은 코스타에 참석한 많은 젊은이에게 감동을 주었다.

하나님께서 찰스 피니나 무디를 왜 귀히 사용하셨는가? 그들은 믿지 않는 자들을 향한 예수님의 마음을 가졌기 때문이다. 찰스 피니는 어느 날 미국의 시카고에 왔다가 거리의 교차로에서 많은 사람이 물밀 듯 지나가는 모습을 보고 갑자기 눈물을 흘렸다.

곁에 있는 사람이 "아니, 피니 목사님, 왜 그러세요?"라고 묻자, 그는 이렇게 말했다.

"저 사람들이 지옥으로 가고 있어요. 복음을 듣지 못하고, 하나님의 사랑을 알지 못하고, 지옥으로 가고 있네요."

이런 대화를 통해 하나님이 찰스 피니를 왜 그렇게 크게 사용하셨는지 그 이유를 알 수 있다.

우리는 주위에 있는 수많은 사람에게 속히 다가가야 한다. 이런 말을 하면 "목사님, 저는 제 자신이 치유받아야 할 상처가 많아요"

라고 말하는 사람이 있다. 그러나 우리가 우리 상처에만 집중하고 있으면 그대로 상처투성이 인생으로 끝나고 말 것이다. 하지만 그럼에도 불구하고 눈을 이웃에게 돌려 그들에게 다가간다면 이웃의 상처가 낫는 기적을 보게 되고, 그 사람에게 평강이 임하는 것을 보게 될 것이다. 더불어 하나님은 나의 상처도 낫게 해주시며, 내게도 큰 평강을 주실 것이다.

우리는 인생을 한 번밖에 살지 않는다.
별 가치도 없는 일에 당신의 시간과 은사,
인생을 낭비하겠는가?
아니면 하나님의 사람으로 쓰임받는 인생을 살겠는가?

더 이상 당신의 연약함에 집중하지 말고 담대히 복음을 전하는 자로 살라.

사도 바울은 밀레도 항구에서 에베소 장로들을 모아 놓고 이런 말을 하였다. "여러분들이여 성령께서 내게 말씀하시는데 이제 내가 이곳을 떠나 예루살렘에 가면 당신들은 다시는 나를 보지 못할 것이라고 합니다. 나는 아마 죽을 것 같습니다"(행 20장 참조). 이 말을 들은 에베소 장로들은 바울의 목을 껴안고 울었다. 그러면서 그들은 "바울 선생님 가지 마시오. 가지 마시오" 하고 붙잡았다. 그때 바울은 유명한 말을 남겼다.

"내가 달려갈 길과 주 예수께 받은 사명 곧 하나님의 은혜의 복음을 증언하는 일을 마치려 함에는 나의 생명조차 조금도 귀한 것으로 여기지 아니하노라"(행 20:24).

그는 가치 있는 일을 하기 위해서 자기 목숨도 전혀 귀한 것으로 여기지 않았다. 그는 그 길이 죽음의 길이라는 것을 알았다. 그러나 그 길을 향하여 가는 것을 중단하지 않았다. 왜냐하면 자신이 존재하는 이유가 복음을 전하는 일이었기 때문이다. 바울에게 인생의 가치는 복음을 전하는 것이었다.

그는 복음을 전한다는 이유로 39번의 태장을 5번이나 맞고 기절하였다. 그가 기절하도록 태장을 맞은 이유는 돈이나 여자나 성공이 아니라 복음 때문이었다. 그의 인생의 가치는 오직 복음을 전하는 데 있었다. 우리는 복음을 전하는 자로 살아야 한다. 만약 우리가 이 땅에서의 부귀영화만을 위해 산다면 우리의 인생은 정말 초라한 모습으로 끝날 것이다.

인생은 투자의 연속이다. 사도 바울은 "자기의 육체를 위하여 심는 자는 육체로부터 썩어질 것을 거두고 성령을 위하여 심는 자는 성령으로부터 영생을 거두리라"(갈 6:8)고 말하였다. 우리가 육체만을 위해 심으면 이 세상에서만 열매를 맺을 것이고, 성령의 음성을 듣고 복음을 심으면 그 열매는 영원할 것이다. 성경은 우리의 인생을 가리켜 이 땅에서 씨를 뿌리는 기간이라고 말씀한다.

KOMF(한국해외선교회 아시아선교부)에서 발행한 〈아시아기도〉 91호에 보면 다음과 같은 글이 나온다.

일본에 있는 미국의 한 대기업이 그 회사의 최고 경영자에 알맞은 사람을 찾고 있었다. 그 사람은 아주 젊고 똑똑하고 정직하고 진취적이면서 동시에 절대적으로 신뢰할 만한 사람이어야 했다. 게다가 그 사람은 경영능력을 구비하고 있어야만 했고, 무엇보다도 일본어에 능통한 사람이어야 했다.

오랜 탐문 끝에 이들은 그들이 찾고 있던 바로 그 사람을 찾아갔다. 그 사람은 일본에 와 있는 한 미국인 선교사였다. 그들은 즉시 온갖 종류의 혜택을 약속하면서 경영자가 되어 줄 것을 제안했지만 그는 거절하였다. 얼마 뒤에는 처음보다 더 크고 좋은 조건을 약속했지만 그는 다시 거절하였다. 세 번째로 그들은 그가 틀림없이 승낙할 것으로 생각되는 파격적인 내용을 가지고 찾아갔지만 그의 대답은 역시 안 된다는 것이었다.

그들은 도무지 이유를 몰라서 "도대체 무엇이 문제입니까? 연봉이 충분하지 않습니까?" 하고 이해할 수 없다는 투로 물어보았다. 그 선교사의 대답은 이러했다.

"연봉이나 대우는 아주 훌륭합니다. 그러나 그 일자리가 내가 하고 있는 일과 비교해 볼 때 너무나 보잘것없는 일입니다."

불신자에게 가치를 두지 않는 사람은
아직 진정한 가치를 발견하지 못한 사람이다.

이 세상에 목적 없이 존재하는 것을 아무것도 없다. 나무는 나무의 목적이 있고, 산은 산의 목적이 있으며, 바다는 바다의 목적이 있다. 하물며 사람이 이 땅에 존재하는 목적이 없겠는가? 그냥 잘 먹고 잘사는 것이 목적이 아니다. 우리는 무슨 일을 하든지 그 일을 통해서 영혼 구원을 해야 한다. 나로 인하여 한 영혼이 주께 돌아온다면 우린 이 땅에 존재할 이유가 있다.

영화 〈쉰들러 리스트〉의 마지막 장면을 기억하는가?
쉰들러가 구해준 유대인들이 금니를 모아 만들어준 반지를 받을 때 그는 이렇게 절규한다.
"이 금 조각이면 몇 명의 유대인을 더 살렸을 텐데….”
우린 죽을 때 이런 후회를 하지 않으면 좋겠다.
"우리에게 있는 시간이면 몇 명의 영혼을 더 살렸을 텐데….”

셀 사역의 권위자인 랄프 네이브 박사의 책 「셀그룹 커리큘럼 4권」에 이런 글이 나온다.
"한 형제는 자신의 친구가 죽은 뒤 이렇게 말하였다. '그는 나에게 가장 소중한 친구였다. 우리는 만나면 모든 것을 다 이야기할 수 있었지만 예수님에 대해서는 이야기하지 않았다. 나는 예수님을 부인한 것이다. 마치 베드로가 예수님을 부인한 것처럼…. 내가 매우 슬픈 것은 내 친구가 영원히 지옥에 있다는 것이다. 나는 자주 이렇게 말한다. '친구야 나를 용서해 줘.' 나는 영원히 천국에서 살면서 말이다.'"

지금 지옥에 있는 영혼들에게 다가가서 "이 세상에 살 때 가장 중요한 것이 무엇이었냐?"고 묻는다면 그들은 이구동성으로 "내가 세상에서 가졌던 모든 재산을 다 가져가더라도 나의 죄 문제를 해결해주시는 예수님을 전해주는 것"이라고 할 것이다.

하나님의 나라(천국)는 지극히 작은 겨자씨로부터 시작된다. 겨자씨는 생명력 있는 씨를 말한다. 작아도 좋으니 생명을 전하라. 내 주위에 있는 지극히 작은 자에게 투자하라. 우리는 우리 주위에 있는 사람들에게 생명을 살리는 예수님을 전해야 한다. 그리고 그들에게 천국의 숲이 우거지도록 해주어야 한다.

미국의 시인이자 사상가인 랄프 왈도 에머슨은 이런 말을 하였다. "다른 사람을 진실로 돕게 될 때 자신에게 유익하지 않은 경우는 없으며, 그것이야말로 인생에서 받게 되는 아름다운 상급 중 하나이다." 우리는 상급을 바라고 친절을 베푸는 것이 아니다. 우리의 작은 선한 행위로 그 영혼이 큰 복음의 나무로 변할 것을 바라는 것이다.

우리의 작은 복음 전도가 그 사람을 큰 나무로 변화시킨다.

그러므로 다른 사람의 마음에 천국을 심는 자가 되라. 타인의 마음에 격려를 심는 자가 되라. 남들이 눈길을 주지 않는 사람, 세상적으로 초라하고 보잘것없는 사람에게 격려를 심고 하나님의 나라를 심는 것은 참으로 가치 있는 일이다. 우리는 내게 아무런 유익을 줄 것이 없는 사람에게 잘해야 한다. 성숙한 인품을 소유한 사람은 그렇게 할 것이다. 매일 아침 당신 앞을 지나가고 있는 작은 순간을 천국의 씨를 심는 시간으로 만들라. 천국은 작은 순간에 만들어진다.

나는 한 주간 랄프 네이브의 셀 세미나에 참석한 적이 있다. 사흘 내내 랄프 목사는 불신자에 대한 전도에 대해 끝없이 말하였다. 본인이 왜 이렇게 불신자에 대한 간절함이 있는지 소개하는 시간이 있었다. 나는 그의 간증을 들으며 마음이 뜨거워졌다. 그는 기독교 가정에서 태어나 기독교 대학을 다니고 온통 기독교 문화 속에서 자랐다. 빌리 그레이엄 전도단의 스텝이 되어 유럽과 미국을 두루 다니며 전도사역을 했다.

그의 아내는 철도청 병원에서 근무하는 간호사였다. 그녀는 자신의 담당의사인 닥터 모건과 친했다. 랄프 목사는 닥터 모건이 하나님을 전혀 모르고 자랐다는 사실을 알고 전도하려고 하였으나 기회가 주어지지 않았다. 그는 때때로 아내와 그 의사와 함께 식사도 하며 친해지려고 애썼다. 그는 가죽 성경을 구입해서 의사의 이름을 적어 그에게 주기로 하고, 성경을 줄 적절한 기회를 찾고 있었다.

마침 아내가 첫아기를 낳을 때 닥터 모건도 보호자실에서 같이 있어 주었다. 병원에서 몇 시간이나 그와 같이 있었다. 그 순간 성령 하나님께서 계속 전도하라는 부담을 주셨지만, 혹시 그 시간에 아기가 태어나면 곤란해질지 모른다는 생각에 시도하지 못했다. 그때 복음을 전할 수 있는 절호의 기회를 놓치고 말았다.

아내의 출산 후 랄프 목사는 런던에서 빌리 그레이엄 전도 집회가 있어서 집을 떠났다. 집회를 마치고 집으로 돌아와 보니 아내가 울고 있었다. 같이 일하던 닥터 모건이 죽었다는 것이다. 그는 수상 스키를 즐겼는데 다른 수상스키의 프로펠러에 빨려 들어가 죽었다는 것이다.

그때 랄프 목사는 자신이 닥터 모건에게 복음을 전할 기회를 영원히 놓치고 말았다는 사실을 알게 되었다. 닥터 모건은 교회를 다니지도 않았고 아는 목사도 없어서 랄프 목사가 그의 장례를 집례하게 되었다. 랄프 목사는 자신에게 닥터 모건의 일은 영원한 부담이 되었다고 말했다. 우리는 이렇게 커다란 후회를 하는 일이 없도록 해야 한다. 복음 전도의 시간은 우리에게 늘 머물러 있지 않다.

예수님은 지극히 작은 자 12명의 제자에게 그의 공생애를 투자하셨다. 그 12명이 70명이 되고, 그다음 120명이 되고, 그다음 500명이 되고, 그다음 3천 명이 되어, 곧이어 5천 명이 되었다. 곧 거대한 무리가 되어 팔레스틴 땅을 복음으로 물들이게 하셨다.

우리는 연약한 자이다. 우리는 겨자씨같이 보잘것없고 작고 평범하다. 그러나 하나님은 나같이 미약한 한 사람을 통해 하나님의 나라가 숲을 이루길 기대하고 기다리신다. 내가 작다고 말하지 말라. 내가 작다고 자학하지 말라. 우리 안에는 생명이신 예수님이 계신다.

우리 인생의 비밀은 예수 그리스도라는 씨앗이다. 우리의 능력은 예수 그리스도라는 씨앗이다. 천국은 작은 씨로부터 시작된다. 천국의 씨앗은 이미 우리 안에 심어졌다. 이 씨앗은 반드시 자랄 것이다.

우리는 스스로 질문해 보아야 한다.

내 안에 뿌려진 천국 씨앗이 자라가고 있는가?

내 인생의 나무는 크게 자라 새들이 날아들고 있는가?

내 인생의 나무에 피곤한 새들이 날아와서 쉬곤 하는가?

지금 당신은 어떤 삶을 살고 있는가?

지금 당신은 이웃에게 어떤 존재로 살아가고 있는가?

지금 당신은 천국의 씨앗을 심고 있는가?

인생은 더 많은 자격증, 더 높은 학력, 더 좋은 신분이 중요한 것이 아니라 지금 천국 씨를 뿌리고 있느냐가 중요하다. 조용히 눈을 감고 그려보라. 보잘것없는 겨자씨가 자라 나무가 되어 거대한 숲을 이루고, 온갖 새들이 날아들고 내려앉아 아름다운 노래를 부르고 있는 하나님의 천국을….

내 인생은 천국을 이루는 인생인가?
내 인생은 생명을 전하는 인생인가?

기억하라. 하나님의 나라는 위대하고 거대한 사역으로 시작되는 것이 아니라 지극히 작은 일로 시작된다는 사실을…. 내가 오늘 행해야 할 작은 일은 무엇인가? 당신은 천국을 이루는 자로 살고 싶지 않은가?

당신이 존재하는 핵심 가치는 무엇인가?
인생의 핵심 가치를 바로 정하지 않은 사람은 날마다 조용한 절망 가운데 살 것이다. 그는 죽어가면서 "인생이란 고작 이런 것이었단 말인가?" 하며 허무해할 것이다.

당신의 전 인생을 천국 문 앞에서
프린트로 출력시키면 무엇이 나오겠는가?
오늘도 당신은 핵심 가치를 향해 걸어가고 있는가?

나의 최고의 자랑은?

수술에 사용하는 마취제가 발견된 것은 150여 년 전이다. 마취제를 발견한 사람은 제임스 심프슨(James Simpson, 1811-1870)이다. 심프슨은 스코틀랜드에서 빵을 만드는 가난한 집의 아들로 태어났다. 영리한 심프슨은 14세 때 에든버러대학에 입학하여 의학을 공부하였고, 29세에 에든버러대학교의 산과학 교수가 되었다.

심프슨은 외과 수술을 받는 환자들이 당하는 고통을 어떻게 하면 덜어줄 수 있을가를 깊이 생각하던 중에 창세기 2장 21~22절의 "여호와 하나님이 아담을 깊이 잠들게 하시니 잠들매 그가 그 갈빗대 하나를 취하고 살로 대신 채우시고 여호와 하나님이 아담에게서 취하신 그 갈빗대로 여자를 만드시고 그를 아담에게 이끌어 오시니"라는 말씀에서 영감을 받았다. 의사의 상식으로 볼 때 갈비뼈 하나를 떼어내는 것은 매우 큰 수술인데, 그 수술을 받은 아담이 잠에서 깨었을 때 고통을 전혀 느끼지도 못한 듯 "이는 내 뼈 중의 뼈요 살 중의 살이라"(창 2:23)고 탄성을 올렸던 것이다.

그래서 심프슨은 "하나님이 아담을 잠재우시듯 환자를 잠재워 고통을 느끼지 못하게 하고 무사히 수술을 끝낼 수는 없을까?"를 고민하면서 수술용 마취제 개발을 위해 노력하기 시작했다. 그 결과 1847년 11월에 클로로포름이라는 무거운 액체를 실험하게 되었고, 이것을 마취제로 사용할 수 있다는 것을 논문으로 발표하였다.

그는 1853년에 빅토리아 황후가 왕자를 분만할 때 이 클로로포름 마취를 이용하여 성공함으로써 이 마취법이 공인받게 되었다. 그는 이 공로로 당시 스코틀랜드 출신의 의사로서는 처음으로 경의 칭호를 받았다.

그의 말년에 그에게 배우는 한 제자가 이런 질문을 하였다.

"선생님이 지금까지 발견한 것 가운데 가장 큰 발견은 무엇이라고 보십니까?"

그러자 그는 이렇게 말했다.

"나의 가장 큰 발견은 내가 큰 죄인이라는 사실과 예수님이 나를 구해주신 큰 구세주라는 사실이지요."

클로로포름이라고 대답할 것으로 기대했던 제자는 그의 이러한 대답에 깜짝 놀랐다.

제임스 심프슨 교수에게 있어서 가장 중요한 자랑은 예수였다. 그의 최고의 자랑은 예수였다. 당신의 자랑은 무엇인가?

전쟁이 일어나면 종군기자들이 목숨을 걸고 전투지에 뛰어 들어가 그 상황을 전한다. 그들은 이 전쟁 소식을 알리는 일에 가치를 둔다. 그 전쟁 소식은 그렇게 유쾌한 소식이거나 사람을 살리는 소식이 아니다. 그래도 그들은 이 전쟁 소식을 전하기 위해 자신의 목숨을 건다. 그들은 뉴스에 가치를 두는 사람들이다. 만약 그들이 전쟁터에서 취재하다 죽게 되면 그 기자의 자녀들은 "우리 아버지는 전쟁터에서 일어나는 일을 보도하다가 죽었다"라고 할 것이다. 그것은 정말 가치 있는 일인가? 사람들을 죽이는 소식에도 목숨을 거는데 사람을 살리는 일에 우리가 목숨을 걸어야 하지 않겠는가?

정말 가치 있는 일은 사람을 살리고
영원한 생명을 주는 예수님을 전하는 일이다.

교회의 핵심 가치를 바꾸라

당신 교회의 핵심 가치는 무엇인가? 교회 체제를 잘 유지하고 교인을 양육하며 교인들과 좋은 관계를 맺고 있는가? 교회의 진정한 목표는 불신자를 전도하는 일이 되어야 한다. 호수가 아무리 아름답다고 해도 그 호수에 새로운 물이 들어오지 않으면 호수는 썩어 냄새나게 될 것이다. 마찬가지로 교회가 교회로서 아름다운 모습을 유지하려면 교회 공동체에 늘 새로운 신자들이 모여들어야 한다.

교인들에게 미션이 있어야 한다. 교인들끼리 모여 성경 공부만 하거나 교회 행사에만 집중한다면 머지않아 교인들이 병들게 될 것이다. 성도들에게 외부를 향한 건강한 미션을 주지 않고 늘 교회 내부에만 집중하게 한다면 그들은 서로 싸우게 될 것이다. 셀교회와 기성교회에서 소그룹 모임의 외견상 형태는 큰 차이가 없다. 기성교회에서는 구역 모임을 하고 셀교회에서는 셀모임을 하기 때문이다. 소그룹으로 모이는 모임은 둘 다 비슷하다. 하지만 기성교회의 소그룹 모임들은 미션이 없다는 것이 다르다. 미션이 없는 모임은 절대 힘을 갖지 못한다.

셀교회는 모든 셀마다 미션을 가진다. 셀이 시작될 때부터 6개월에서 9개월 정도 지나면 적어도 한 셀이 하나의 셀을 번식하는 미션을 가지고 시작한다. 그래서 모일 때마다 불신자들을 위해 간절히 기도한다. 불신자들을 향한 셀원들의 뜨겁고 간절한 기도는 셀이 번식될 때까지 이루어진다. 이렇게 해서 새로운 불신자들로 커진 셀이 두 개의 셀로 번식될 때 이들은 굉장한 자부심을 가진다.

우리 교회는 전교인들이 연초에 V.I.P를 정한다. 여기의 V.I.P란 내가 전도할 불신자를 말한다(특별히 내가 관계를 통해 전도할 사람을 말한다). 모든 교인은 자신의 V.I.P를 세 명씩 정하고, 규칙적으로 간절히 기도하며, 그들과 여러 가지 다양한 방법으로 관계를 형성해 나간다.

우리 교회는 일 년에 네 차례 불신자를 위한 초청잔치를 한다. 우리 교회의 경우 전도 집회는 한 번의 행사가 아니다. 일 년에 네 번의 전도 집회를 하므로 전도가 생활이 되어버린다. 전도 집회 때마다 평소에 V.I.P로 정하고 기도한 사람을 데리고 온다.

한 번 만에 그들이 예수님을 영접하는 건 아니다. 몇 번이고 그들이 집회에 참석하면서 서서히 변해간다. 또 기도가 쌓였기에 어느 날 언제인지는 모르지만 성령께서 그들의 마음을 감동시켜서 변하게 된다.

나는 자주 교인들에게 외친다. "주변의 불신자와 좋은 관계를 세우고 그들을 위해 매일 기도하라!"고. 불신자에게 만약 천만 원만 사용한다면 그는 주께로 돌아올 것이다. 천만 원이 너무 많은가? 그렇다면 백만 원만 투자하라. 그러면 그는 마음을 열 것이다. 복음을 위해 사용하는 돈은 아깝지 않다.

언젠가 일간지에 전면 광고가 났다. 그 내용은 어린아이부터 시작해서 노인까지 활짝 웃고 있는 얼굴과 함께 이런 글귀가 있었다.

"여러분은 삶이 즐겁습니까?"

"가까운 교회에 나가시길 바랍니다."

그리고 그 광고 밑에 눈에 보이지도 않을 만큼 작게 OO교회라고 쓰여 있었다.

아마 그 광고를 내려면 몇 천만 원 사용해야 할 것이다. 당신은 이것을 어떻게 생각하는가? 쓸데없는 교회 재정 낭비라고 생각하는가? 우리가 어디에 돈을 써야 하는가? 예수님 자랑하는 데 모든 것을 다 사용해야 한다.

주님의 이름을 광고하는 데 사용하는 돈은 결코 아깝지 않다. 이런 것을 거룩한 낭비라고 말한다. 요한복음 12장에 보면 예수님의 발에 향유를 붓고 머리털로 예수님의 발을 닦은 마리아를 칭찬한 장면이 나온다. 예수님 주변에 있는 사람들은 쓸데없이 낭비한다고 핀잔을 주었으나 예수님은 이 여인의 행동을 칭찬하셨다. 왜냐하면 그것은 예수님을 위한 거룩한 낭비였기 때문이다. 주를 위한 낭비는 아까운 것이 아니라 당연한 것이다. 그것은 가치의 차이일 뿐이다.

교회 교인들의 가치를 바꾸려면
교회 리더들이 먼저 본을 보여야 한다.
교회 리더들이 가치 변화를 가져오지 않으면
교인들은 결코 바뀌지 않는다.

예수님은 이렇게 말씀하셨다.

"내가 너희에게 행한 것같이 너희도 행하게 하려 하여 본을 보였노라"(요 13:15).

이와 관련해서 사도 바울은 이렇게 말씀했다.

"내가 그리스도를 본받는 자가 된 것같이 너희는 나를 본받는 자가 되라"(고전 11:1).

"형제들아 너희는 함께 나를 본받으라. 그리고 너희가 우리를 본받은 것처럼 그와 같이 행하는 자들을 눈여겨 보라"(빌 3:17).

나는 그 바쁜 토요일에 불신자를 만나러 간다. 목사에게 토요일을 사용한다는 것은 얼마나 큰 부담인지 목회자들은 다 알 것이다. 그러나 평일에는 나의 V.I.P가 바쁘다는 것이다. 그래서 V.I.P를 편하게 해주기 위해 토요일에 만난다. 그들은 자신들이 한 번 시간을 내주는 일을 큰 선심 쓰는 것으로 착각한다. 그래도 그들을 만나 밥도 사주고 영화도 보여주고 선물까지 준다. 그들의 가슴에 우리의 사랑과 관심을 저축하고 있는 것이다. 나는 얼마 안 가서 이들이 변하게 될 것을 믿는다.

어느 셀교회 목사가 주일 11시 예배 시간에 이런 광고를 했다.

"여러분, 제가 다음 주일에는 교회에 못 나옵니다."

교인들이 갑자기 무슨 일인가 귀가 쫑긋해졌다.

그러면서 덧붙였다.

"제가 매주 불신자들과 만나는 자전거 타는 그룹이 있는데 그들이 다음 주에는 주일날 여행을 갑니다. 그래서 제가 그곳에 가야 합니다."

전교인이 일어나 "목사님, 잘 다녀오세요. 우리가 집중적으로 기도하겠습니다"라고 축복해주었다.

당신 교회에 이런 일이 일어난다면 가능하겠는가? 아마 목사가 쫓겨날지 모른다. 이렇게 전교인이 불신자에게 깊은 가치를 둘 때 '셀교회'라고 한다.

교인들은 교회의 리더를 닮는다. 그래서 모델링은 중요하다.

사람들은 들은 대로 행동하지 않고
본대로 행동한다.

　　교인들을 교회에 가두어 두지 말고 세상에 풀어 놓아야 한다. 바울은 가는 곳마다 '온 성을 소동하게 하는 자'라는 별명이 붙었다. 우리가 가는 곳마다 우리를 경험한 사람들에게 "나도 너처럼 살고 싶다"라는 갈증을 일으켜야 한다. 우리도 세상 속에 나가 복음을 전하는 자로 살아야 한다. 복음을 전하는 것이 우리 그리스도인의 핵심 가치다.

　　교회를 오래 다닌 사람들은 핵심 가치를 다 상실하고 살아간다. 예수님을 믿은 지 오래된 사람 주위에는 불신자가 하나도 없는 경우가 많다. 왜냐하면 늘 신자들만 만나고 있기 때문이다. 소금병 안에만 있는 소금은 아무 쓸모없다. 소금은 반드시 밖에 뿌려져야 한다. 소금이 모든 음식에 골고루 흩어져야만 소금으로서 가치 있는 것처럼, 우리도 우리끼리 교회에만 뭉쳐 있으면 아무 쓸모없는 존재가 되지만 세상 속에 나가 복음을 전한다면 가치 있는 존재가 될 것이다.

　　예수님같이 경건하신 분이 왜 불경한 자들과 계속 교제하셨는가? 모든 사람이 손가락질하는 그 자리에 주님이 가서 앉으셨다. 죄인들을 구원하시기 위함이었다. 이와 같이 우리도 불신자에게 가야 한다. 우리는 누구나 의도적으로 불신자가 있는 장소에 꾸준히 나가야 한다. 종종 우리가 불신자들에게 다가가서 그들의 욕을 듣고 그들의 세상 얘기를 듣노라면 내가 지금 뭐하고 있나 하는 회의가 들 수 있다. 그때 성령께서 이렇게 말씀하신다. "너는 지금 세상에서 천국으로 가는 다리를 건설하고 있다. 진리를 바로 세우는 일을 하고 있단다."

내 아내는 의도적으로 매주 동네에서 하는 영어 공부반에 나가서 불신자들을 사귀고 만난다. 이와 같이 우리는 불신자를 만나기 위해 의도적으로 수영 강습반에 가야한다. 의도적으로 헬스반에 들어가야 한다. 의도적으로 옆집과 좋은 관계를 만들어야 한다. 의도적으로 옆집 아이를 초대하고 그들에게 잘해주어야 한다.

불신자에게 관심을 가질 때 너무 많은 사람에게 초점을 맞추면 열매를 얻기가 힘들다. 그러나 일 년에 약 세 명 정도에게 깊은 관심과 애정을 쏟는 일은 어렵지 않을 것이다. 총을 하늘을 향해 난사할 수는 없다. 정확한 목표를 정하고 쏘아야 한다. 햇빛을 모으는 돋보기는 초점을 맞추어 그 열로 물건을 태운다. 불신자 전도도 이와 같이 집중적으로 초점을 맞출 필요가 있다. 그래서 일 년에 3명의 사람을 정하는 것이다.

당신의 불신자 친구 중에 병원에 입원한 자가 있으면 집중적으로 섬겨주라. 그 사람은 하나님이 당신에게 주신 특별한 V.I.P다. 당신이 늘 가는 주유소, 식당, 세탁소, 슈퍼마켓 등을 한 장소만 선택해서 계속가라. 계속 만나는 그 사람에게 친절히 대하고 크리스마스나 부활절에 그냥 선물을 주라.

어떤 이는 의도적으로 점심 때마다 한 식당만 간다. 직장 주위에 많은 식당이 있지만 일부러 그 식당만 간다. 그리고 그 식당 주인과 직원들을 자신의 V.I.P로 삼고 매일 기도한다. 그는 이제 그 식당의 단골손님이 되었다. 주인도 이 사람만 오면 신나 한다. 모든 종업원도 이 손님을 안다. 어느 날, 그가 식당에서 음식을 주문하고 기다리고 있는데, 자세히 보니 한 여직원이 배가 불러 있었다. 그래서 임신했느냐고 물어보자, 그 여직원이 부끄러워하며 서성였다.

그는 "내가 그 아이를 위해 기도해주어도 되겠습니까?"라고 물었다. 그러자 그 여직원은 쑥스러워하였다. 그는 그 여직원을 위하여 간절히 눈물을 흘리며 기도하였다. 그때 성령 하나님께서 그 여인에게 역사하셨다. 그 여인은 교회에 대해 아는 것이 없고 평생 한 번도 기도해 본 적이 없었지만 왠지 마음에 큰 평안이 임하고 감동을 받았다. 기도 후에 그녀는 눈물을 글썽이며 자기도 교회에 나가고 싶다고 하였다.

우리가 한 사람을 V.I.P로 정하고 계속 기도한다면 하나님께서 기회를 주실 것이고, 하나님께서 그 사람의 마음을 움직이실 것이다.

우리가 평범한 일상생활에서 주님께 반응한다면
주님께서 그 평범한 시간을
비범한 시간으로 바꾸어주실 것이다.

우리 가족의 V.I.P 중에 한 자매는 최근에 임신을 하였다. 우리는 그 자매의 집 근처에 사는 셀원들에게 도움을 구하였다. 그 자매와 남편을 위해 간절히 기도하였고, 아기가 태어날 달이 다가왔을 때 그 자매에게 베이비 샤워를 해주겠다며 셀모임에 초청하였다.

셀원들의 관심과 사랑으로 그 자매의 이름을 크게 써 붙이고 풍선을 불어 곳곳에 아름답게 데커레이션을 하고 그 자매를 맞이하였다. 그 자매에게 축복의 노래를 불러주고 배 안에 있는 아기를 위해 간절히 기도해주었다. 그리고 그 아기를 위해 셀원들이 준비한 선물을 하나씩 주었다. 그 모임에 참석한 그 자매는 계속 눈물을 흘리며 울었다. 그 자매는 모임을 떠날 때 눈물을 글썽이며 이렇게 말하였다.

"내 평생에 이렇게 축복받은 날은 없었어요. 나는 오늘을 영원히 잊지 않을 거예요. 정말 고맙습니다."

그 자매의 말을 듣는 우리도 눈에 눈물이 고였다. 나는 속으로 이런 생각이 들었다.

'한 영혼이 주께로 돌아오는 것이 이렇게 기쁠 수가! 이것이 참다운 교회의 모습이구나.'

그 자매는 그날로 복음을 활짝 받아들였다.

복음을 받아들이는 것은 설득으로 되는 일이 아니다. 사랑의 행동이 사람의 마음을 연다. 작은 친절이 마음의 문을 열게 하는 것이다. 환자를 치료하는 의사는 죽어가는 환자를 수술하여 그 환자가 살아날 때 삶의 희열을 느낀다고 말한다. 그 죽어가는 환자는 살아나도 다시 언젠가 죽을 것이다. 우리 그리스도인은 죽어가는 환자를 살리는 정도가 아니다. 한 사람의 영혼을 영원히 살게 해주는 사람이다. 이보다 더 큰 삶의 희열이 있겠는가?

우리는 복음을 전하는 일을 우리의 가치로 삼아야 한다.
가치 없이 사는 것은 죽음보다 더 비참한 일이다.

인생에서 가장 가치 있는 일은 잃어버린 영혼을 구하는 것이다. 셀교회 지침서에 나오는 시티 스터드의 글이 기억난다.

"나는 교회나 사원의 종소리 아래서 살고 싶지 않다.
나는 지옥의 바다에서 구조선을 운항하고 싶을 뿐이다."

이제 교회는 성경적인 본질로 돌아가야 한다. 사탄은 교인들이 복음 전하는 것을 가장 무서워한다. 전쟁에서 손 하나 까딱하지 않고 이기는 길이 무엇인가? 적군이 그들끼리 싸우도록 유도하는 것이다. 사탄은 지금도 교인들끼리 싸우게 한다. 우리는 사탄의 속임수에 빠지면 안 된다. 우리는 복음을 위해 싸워야 한다. 우리는 복음 전도를 위해 기도하여야 한다. 복음을 전하는 교회는 다닐수록 신난다. 나는 우리 기쁨의 교회를 생각하면 아름다운 음악의 선율을 듣는 듯하다.

21세기에는 선교의 문이 거의 닫혔다. 우리가 선교해야 할 목표는 대부분 무슬림권이다. 무슬림에게 복음을 전하는 일은 죽음이다. 이제 우린 선교의 대전환을 하여야 한다. 이제까지 해온 선교정책으로는 더 이상 선교할 수 없다. 과거에는 선교지에 교회를 지어주고 학교를 세워주고 병원을 세워주면서 선교할 수 있었다. 그러나 이제 무슬림권에서는 이렇게 할 수가 없다. 이런 난관에 부딪힌 선교에 셀교회는 빛을 던져준다. 셀교회는 무슬림권이나 이스라엘이나 관계없이 복음을 전할 수 있다.

셀교회 멤버가 직업적으로 중동지역에 파송되면 그곳에서 셀교회 방식으로 복음을 전한다. 한 사람이 회사일로 무슬림 지역에 파송이 되면 그날부터 그 지역에 있는 사람들을 사귄다. 그는 매일 의도적으로 정해진 장소에 가서 식사하고, 정해진 마켓에 가서 물건을 사며, 정해진 장소에 가서 세탁한다. 이렇게 정해진 장소에 계속가면서 그중에 특히 마음에 와 닿는 세 명을 자신의 V.I.P로 정해 놓고, 그 V.I.P가 예수님을 경험하도록 간절히 기도한다.

어느 날 자신의 V.I.P에게 어려움이 생기면 다가가서 "혹시 내가 당신을 위해 같이 기도해도 될까요?" 하고 물어본다. 그는 지금 어려움에 처해 있기에 거절하지 않는다. 그렇게 기도하다가 놀랍게도 예수님을 경험하게 된다. 마음에 알 수 없는 평안이 온다든지 성령께서 임한다든지 병이 낫는다든지 하는 일이 일어난다.

기적은 우리가 일으키는 것이 아니라 하나님께서 일으키신다. 그가 예수님을 믿게 되면 그 사람을 중심으로 같이 모여 셀을 한다. 이방 땅에서 처음으로 생겨난 그 멤버가 또 자신의 V.I.P 세 명을 정해 놓고 간절히 기도한다. 이런 식으로 무슬림 사람들을 복음화해 나간다.

지금 무슬림 땅과 유대 땅에서는 이 셀교회의 방법으로 놀랍게 복음이 전파되고 있다. 선교는 하나님이 하신다. 우리는 도구로 어드리기만 하면 된다.

선교는 돈으로 하는 것이 아니다.
불신자에 대한 가치를 가진 사람이 하는 것이다.

이젠 선교가 어려운 것이 아니다. 선교는 가치의 변화에서 이루어진다.

기성 교회가 정말 셀교회로 전환되는 것은
전 교인이 모두 불신자에게 최우선의 가치를 두고
불신자를 만나서 사랑의 관계를 세우고
전도하는 일이 생활화될 때 완성된다.

우리는 복음을 전하는 일을
우리의 가치로 삼아야 한다.
가치 없이 사는 것은
죽음보다 더 비참한 일이다.

나의 핵심 가치는 무엇인가?

▶ 서약

"나는 당신을 무조건적으로 받아들입니다."

"나는 비밀을 지킵니다."

"나는 가면을 벗습니다."

"나는 약하지만 성령님의 통로가 되겠습니다."

1. 세 명씩 짝을 지어 자신의 죄와 고민을 나누세요.

   (정직한 곳에는 성령님이 역사하시고 거짓말하는 곳에는 사탄이 존재합니다.)

2. 예수님의 핵심 가치가 무엇인지를 쓰고, 나 개인의 핵심 가치를 써보세요.

3. 우리 교회의 핵심 가치를 써보세요.

4. 불신자를 직접 전도하여 경험한 일을 나누어 보세요.

5. 두 명씩 짝을 지어 서로의 V.I.P를 소개하고, 서로 기도해주는 시간을 가지세요.

   (격려의 말씀을 할 때는 성령님께 물어보십시오. 그때 떠오르는 성경 구절이나 좋은 말을

   하십시오.)

C·H·A·P·T·E·R·5

—

재생산하는
리더를 키우라

재생산은 하나님의 뜻이다

하나님은 아담에게 생육하고 번성하라고 말씀하셨다.

"하나님이 그들에게 복을 주시며 하나님이 그들에게 이르시되 생육하고 번성하여 땅에 충만하라, 땅을 정복하라, 바다의 물고기와 하늘의 새와 땅에 움직이는 모든 생물을 다스리라 하시니라"(창 1:28).

세상에 있는 모든 동물은 번식한다. 세상에 있는 모든 식물도 번식한다. 재생산은 하나님의 뜻이다. 하나님은 양 한 마리 안에 온 들판을 누비는 양떼가 들어 있고, 철새 한 마리 안에서 군무의 떼로 날아다니는 것을 계획하고 계신다.

하나님은 아브라함과 언약을 맺으며 아브라함을 심히 번성하게 하실 것을 말씀하셨다. "내가 내 언약을 나와 너 사이에 두어 너를 크게 번성하게 하리라 하시니"(창 17:2). 지금은 아브라함 한 명이지만 하나님은 아브라함을 통해 하늘의 별처럼, 땅의 티끌처럼 가득한 큰 민족을 계획하고 계신다. 하나님은 아브라함 한 명을 통해 430년 만에 장정 60만 명, 어린아이에서 노인까지 합하면 적어도 200만 명에서 300만 명이 넘는 히브리 민족을 만드시고, 그들을 애굽에서 출애굽 시키셨다. 그리고 지금 믿음의 조상 아브라함의 영적인 후손이 전 세계에 20억이 넘는다.

하나님은 재생산을 계획하시고, 재생산하는 사람을 계획하셨다. 가정에서는 자녀를 부모에게 기쁨을 주는 재롱둥이로만 키우지 않고 재생산하는 청년으로 키워 부모를 떠나 각자 자신의 가정을 이루게 해준다. 마찬가지로 교회도 교인들을 평생 소비자로 있게 하는 것이 아니라 재생산하는 리더로 키워야 한다. 만약 한 사람이 재생산의 씨를 가진 채로 그냥 그 인생만 살다가 죽는다면 얼마나 큰 비극인가?

재생산하는 사람 키우기

　　　　어느 모임이나 기업이나 어느 집단이든지 가장 중요한 자산은 사람이다. 건물은 허물어지고 기계는 낡아진다. 시간이 지나면 아무리 최신식의 시스템이라도 자꾸만 구식이 되어 간다. 그러나 사람은 키우면 키울수록 더 성장하고 유능한 인물이 된다. 투자 중에 가장 귀중한 투자는 사람에 대한 투자이다.

　　예수님도 그냥 수많은 사람에게 복음을 전하는 전도만 하신 것이 아니다. 예수님은 무리를 만나는 것과 매일 제자를 양육하는 일을 병행하셨다. 어쩌면 예수님은 무리를 만나기보다 제자 양육에 더 많은 시간을 쓰신 것 같다. 예수님은 제자들을 구경꾼으로 양육하지 않으셨다. 예수님은 모든 제자를 재생산하는 리더로 키우셨다. 예수님은 제자들이 예수님보다 더 큰일을 하게 하실 계획을 가지고 계셨다.

> "내가 진실로 진실로 너희에게 이르노니 나를 믿는 자는 내가
> 하는 일을 그도 할 것이요 또한 그보다 큰일도 하리니 이는
> 내가 아버지께로 감이라"(요 14:12).

　　예수님은 평범한 자를 불러 탁월한 자로 세우신다. 우리도 그냥 한 사람을 전도하는 것으로 끝나면 안 된다. 그들을 양육하여 재생산하는 리더로 세워야 한다. 예수님은 우리에게 복음을 전하는 것으

로 끝내라고 말씀하시지 않고 모든 족속으로 제자를 삼으라고 말씀하셨다.

> "예수께서 나아와 말씀하여 이르시되 하늘과 땅의 모든 권세를 내게 주셨으니 그러므로 너희는 가서 모든 민족을 제자로 삼아 아버지와 아들과 성령의 이름으로 세례를 베풀고 내가 너희에게 분부한 모든 것을 가르쳐 지키게 하라. 볼지어다. 내가 세상 끝날까지 너희와 항상 함께 있으리라 하시니라"
> (마 28:18-20).

제자를 삼는다는 말은 단순히 성경 공부를 하라는 것이 아니다. 재생산의 능력을 가진 자로 세워야 함을 말한다. 셀교회는 모든 교인을 잠재적 리더로 보고 재생산하는 자로 키운다. 만약 교인을 그냥 예배만 드리는 존재로 만족한다면 그 교회는 아무런 소망이 없다. 그 교회는 움직이는 동력인 엔진이 없이 구경꾼만 가득 채운 위험천만한 돛단배에 불과하다. 그런 배는 곧 파도에 휩쓸려 갈 것이다. 그러므로 모든 교회는 모든 교인을 교회의 엔진 역할을 하는 재생산하는 리더로 키워야 한다. 예수님처럼 우리 모든 교회는 새신자를 재생산하는 리더로 세워야 한다.

성장하는 교회는 모든 성도를 잃어버린 영혼을

구원시킬 수 있는 재생산하는 리더로 양육한다.

이것은 영적인 아비를 많이 가진 것이다.

영적인 아비는 영적인 자녀를 낳을 수 있는 자를 말한다.

성경에 나오는 영적 거장들은 다 리더를 키웠다. 아브라함은 이삭을 리더로 키웠고, 이삭은 야곱을 리더로 키웠으며, 야곱은 요셉을 리더로 키웠다. 이드로는 모세가 사역에 지쳐 있었을 때 십부장, 오십부장, 백부장 제도를 가르쳐주어 일중독에서 빠져나오게 하였고, 120세까지 기력이 쇠하지 않도록 세워주었다.

모세는 자기에게 수종드는 젊은 여호수아를 다음세대를 이끌어갈 리더로 세웠다. 사무엘은 어린 다윗 왕에게 기름 붓고 리더로 세웠다. 다윗은 그의 인생에 어려운 일이 나타날 때마다 사무엘을 찾아갔다. 엘리야는 소를 몰고 밭을 갈고 있는 평범한 엘리사를 찾아가 그의 겉옷을 던져주며 리더로 초대하였고 그를 리더로 키웠다. 엘리사는 엘리야의 능력을 물려받아 엘리사보다 더 유능한 사역을 하였다. 그러나 성경은 엘리사를 리더로 세워 준 엘리야를 언제나 중요한 인물로 언급하고 있다.

엘리사벳은 나이도 어리고 신분도 자기보다 천한 어린 마리아를 세워주었다. 바나바는 다소라는 동네에 숨어 사는 사울을 리더로 세워주었다. 만약 바나바가 사울을 리더로 세우지 않았다면 사울은 그냥 다소에 숨어 사는 것으로 인생을 마쳤을지도 모른다. 살인자 사울이 사도 바울이 되게 한 사람은 바나바이다. 베드로는 마가를 리더로 세워주었다. 바울은 누가를 자신의 주치의로 데리고 다니며 리더로 키웠다. 그래서 누가가 누가복음과 사도행전을 쓸 수 있었다. 또 바울은 어린 디모데와 디도를 리더로 세웠다.

당신은 몇 명의 리더를 세웠고, 지금 몇 명의 리더를 세우고 있는가? 사람은 죽기 전에 여러 가지를 남기려고 한다. 대학을 세우려는 사람도 있고 병원을 세우려는 사람도 있으며 큰 도서관을 남기려는 사람도 있다. 가장 가치 있는 일은 재생산하는 리더를 키우는 것이다. 예수님은 책을 쓰시거나 대학이나 병원을 세우지 않으셨다. 오직 재생산하는 사람을 키우셨다.

우리가 인생을 성공적으로 살기 위해 필요한 것은 돈이나 건물이 아니다. 우리에게 필요한 것은 재생산하는 리더를 키우는 것이다. 내가 아무리 큰 성공을 하였다 해도 내 뒤를 이을 수 있는 재생산하는 리더를 키우지 못했다면 나는 실패한 사람이다. 리더가 할 수 있는 가장 이기적인 일은 자기가 그 단체에서 사라지면 그 단체를 휘청거리게 만들어놓는 것이다. 예수님은 그렇게 하지 않으셨다. 예수님은 자기가 사라진 후에 더 놀라운 부흥을 하게 하셨다. 그것이 좋은 리더가 할 일이다. 어느 지도자든지 단체든지 모임이든지 다음 리더를 나보다 더 좋은 리더가 되게 하는 사람이 진짜 성공한 리더이다.

사람을 키우고 계발하는 일은 리더에게 있어서

최고의 소명이다. 내가 한 알의 밀알로 죽는 것이
리더십 중에 최고의 리더십이다.

사과가 떨어지는 것을 보고 만유인력의 법칙을 발견한 아이작 뉴턴은 누구나 안다. 그러나 뉴턴이 만유인력의 법칙을 세우도록 도와준 사람은 알려지지 않았다. 뉴턴이 처음 만유인력의 법칙을 만들때 여러 가지 공식을 제공해주고 뉴턴에게 기본 이론을 더 깊이 있게 사고하도록 도와준 사람은 헬리 혜성을 발견한 에드먼드 헬리였다. 그는 뉴턴의 책을 편집해주었고, 그의 책을 출판해주었다. 헬리는 뉴턴이 꿈을 실현하도록 격려하였고 계속 영감을 불어넣어 주었다. 헬리는 리더를 양육하는 것이 중요한 일이라는 점을 아는 사람이었고, 그 리더 양육이 결국 인류를 부유하게 함을 아는 큰 인물이었다.

당신은 죽기 전에 무엇을 남기겠는가? 나는 〈홀랜드 오퍼스〉라는 영화를 인상 깊게 보았다. 그 영화의 마지막 장면을 보면 "선생님, 선생님은 오랫동안 교향곡을 작곡하려고 하셨지만 저희를 가르치시느라 그 꿈을 이루지 못하였습니다. 그러나 여기에 앉아 있는 우리가 선생님이 만들고 싶어 하셨던 그 교향곡의 음표이며 쉼표입니다"라고 말하는 제자들의 이야기가 나온다.

당신이 지금까지 살아오면서 깊은 영향을 준 사람이 몇 명인지한 번 적어보라. 세상에 있는 모든 교인이 한 사람당 세 명의 리더를 세운다면 교회는 전혀 다른 모습으로 변화될 것이다.

우리 예수님이 하신 것처럼 평생 나보다
더 큰일을 할 재생산하는 리더 12명을 키워야 한다.
이것이 우리 그리스도인의 의무이다.

당신이 미래를 위해 재생산하는 리더를 키우는 일은 지루하고
더딘 것 같지만 나중에는 위대한 결과를 낳게 될 것이다.

재생산의 파워를 아는가?

재생산은 굉장한 파워가 있다. 시간이 흐를수록 재생
산의 파워를 실감하게 될 것이다. 한번 가정해보자. 두 사람이 각각
교회를 시작하였는데 한 사람은 하루에 한 명씩 전도하고, 또 한 사
람은 6개월에 두 명을 제자로 양육하는 목회자가 있다고 해보자. 6
개월이 지난 시점에 매일 한 사람을 전도한 사람의 교회는 183명이
모일 것이고, 제자 삼는 사람의 교회는 2명이 전부일 것이다. 일 년
이 지난 시점에 처음 교회는 365명이 될 것이고, 다른 교회는 4명이
고작일 것이다. 3년이 지난 시점에 첫 번째 교회는 지속적으로 성장
해서 1,095명이 모이고, 두 번째 교회는 64명이 전부다. 그런데 6년

이 지난 시점에는 첫 번째 교회는 2,190명인 반면에 두 번째 교회는 4,096명이 된다. 12년이 지난 시점에 어떤 일이 벌어질까? 첫 번째 교회는 4,380명의 성도가 모이고, 제자 삼는 교회는 16,777,216명이 모인다. 그것도 단순히 예배만 참여하는 자들이 아니라 모두 제자를 삼는 사람들인 것이다.

핵폭탄의 가공할 만한 폭발력도 결국은 한 개의 원자로부터 시작된다. 한 사람이라도 재생산하는 리더를 키우는 것은 위대한 일이다. 겨울이 되면 가끔 눈사태가 일어나 한 마을 전체를 무너뜨리는 사건이 발생한다. 산꼭대기에서 작은 눈송이 하나가 굴러 눈덩이를 만들며 산기슭까지 굴러 내려가면 엄청난 힘이 나타난다.

당신이 산꼭대기에서 12개 정도의 작은 눈덩이를 굴렸다고 상상해보라. 이것이 재생산하는 사람을 키우는 것에 대한 그림이다. 예수님은 이 그림이 마음에 있었다. 셀교회는 이 그림을 가지고 있다.

누군가 나에게 셀이 무엇이냐고 물었다.
나는 재생산하는 살아 있는 세포라고 말했다.
재생산할 수 있는 핵이 있는 세포가
셀교회에서 말하는 셀이다.

셀교회는 많은 사람을 교회로 데려오는 것이 아니라 분셀할 수 있는 재생산 가능한 리더를 많이 키우는 교회이다.

재생산하는 리더를 키우려면

재생산하는 리더는 단순히 교실 안에서 성경 공부하는 지식으로 만들어지지 않는다. 그런데 우리는 제자 양육을 한다고 하면 그냥 성경 공부를 하는 것으로 착각하고 있다. 재생산하는 리더는 삶을 통해 이루어진다. 교회의 리더는 자신이 먼저 재생산하는 모습을 보여주는 좋은 모델이 되어야 한다. 교회를 오래 다녀도 자신이 재생산하는 리더로 성장해야 한다는 것을 모르는 교인이 많다. 그것은 교회가 그런 계획이 없거나 그 교회를 오래 다닌 리더들이 잃어버린 영혼들을 구원하는 것을 본 일이 없기 때문이다. 새신자들은 자기도 모르게 이런 메시지를 가지게 된다.

"나에게도 잃어버린 영혼들을 구원할 책임이 없다."

교회에 새신자가 와도 재생산하는 셀원으로 세워지지 않는다는 것은 교회 안에 재생산하는 리더가 없다는 것을 보여주는 것이다. 예수님은 리더를 키우려면 먼저 본을 보여주어야 한다고 친히 말씀하셨다.

"내가 너희에게 행한 것같이 너희도 행하게 하려 하여 본을 보였노라"(요 13:15).

예수님은 3년 반 동안 제자들을 양육하기 위해 교실 안에서 지식을 전달하기보다 일상생활 속에서 관계를 통해 재생산하는 리더를 양육하셨다. 예수님은 12명의 제자를 키우셨고, 그다음 70명의 제자를 키우셨다. 그러므로 우리도 관계를 통해 재생산하는 리더를 양육해야 한다. 리더가 먼저 영혼 구원하는 모습을 보여주어야 한다. 리더는 적어도 일 년에 몇 명을 구원하는 자로 살아야 한다. 아기를 낳지 못하는 자는 아비가 아니다.

당신 주변의 교우들이 모두 재생산하는 리더가 되길 원하는가? 그렇다면 당신이 먼저 영적 아비로 자녀를 낳는 모습을 보여주어야 한다. 사도 바울은 수많은 교회를 세웠고, 수많은 교인을 재생산하는 리더로 양육하였다. 그래서 그는 자신 있게 이런 말을 했다.

"형제들아 너희는 함께 나를 본받으라. 그리고 너희가 우리를 본받은 것처럼 그와 같이 행하는 자들을 눈여겨 보라"(빌 3:17).

예수님은 베드로에게 사람 낚는 어부가 되라고 말씀하셨는데, 부활하신 후 베드로에게 나타나셔서 어린양을 키우는 목자가 되라고 세 번이나 말씀하셨다. 어부는 바다에 있는 물고기를 낚는 자이고, 목자는 어린양을 키우는 자이다. 물고기는 그냥 그물을 던져 잡기만 하면 되지만 양을 키우는 것은 양과 함께 다녀야 하고 양과 함께 잠을 자야 하는 긴 양육의 시간이 필요하다. 물고기를 잡는 것은 물고기와 함께 살지 않아도 된다. 그냥 바다에 그물만 던지면 되는 일이다. 그러나 어린 양을 키우는 일은 반드시 어린양과 함께 지내야 한다.

예수님이 베드로에게 하신 "양을 먹이라"는 말씀은 제자 양육을 하라는 뜻이다. 불신자들에게 복음을 전하고 떠나가는 것이 끝이 아니다. 예수님은 이제 한 걸음 더 나아가 복음을 전한 후에는 그 사람을 제자로 양육하여 그가 또다시 다른 사람을 양육하는 재생산하는 리더로 세우라고 말씀하신다. 아기를 낳기만 하고 떠나간다면 진정한 부모가 될 수 없다. 세상의 모든 부모는 아기를 낳은 후에는 양육의 책임이 주어진다. 내 주변에 있는 사람들을 재생산하는 리더로 키우려면 내가 모델이 되어주면 된다.

몇 년 전 방문했던 증도에서 듣고 감명받았던 간증을 적어본다.

전라남도 신안군에 암태도라고 하는 조그만 섬이 하나 있다. 그 섬에서 태어난 문증경 자매는 옆의 섬인 증도로 시집갔다. 7년이 지나도 자녀가 생기지 않자 시부모의 구박에 견디지 못해서 자살을 결심하였다. 그런데 자살하기 전에 서울 구경을 하고 싶어서 가출을 했다. 용산역에 내렸는데 어떤 천막에서 박수소리와 노랫소리가 들려서 가보니 당시 부흥강사였던 이성범 목사의 전도 집회였다.

그곳에서 설교를 듣다가 "하나님이 당신을 사랑한다. 당신에게 영원한 천국과 행복을 주기 위해서 십자가에서 죽으셨다. 그래서 당신이 이 자리에 있는 것이다. 그러니 당신은 정말 소중하다." 그 복음을 듣는 순간 예수님을 영접하였다. 그리고 내가 이렇게 소중한 자라면 죽을 게 아니라 하나님을 위해 살겠다고 결심하였다. 그리고 이성범 목사가 있는 목포로 내려가서 양육을 받고 전도사가 되었다.

그렇게 한참을 전도하다 보니 자기 고향이 생각났다. 그래서 증도로 돌아왔다. 그리고 사람들이 있는 곳마다 "예수 사랑하심은 거룩하신 말일세…" 찬양을 했다. 사람이 많이 모였다. 도망간 여인이 찬송과 성경을 손에 들고 치마저고리를 입고 기뻐하면서 노래를 부르니 신기했던 것이다.

사람이 모일 때마다 문중경 전도사는 복음을 전했다. 그런데 놀라운 일이 일어났다. 그 복음에 사람들이 놀라울 정도로 반응하기 시작한 것이다. 문 전도사는 증도에서 옆 섬인 지도로, 암태도로 배를 타고 다니면서 복음을 전했다. 그러다 한국전쟁이 일어났다. 공산당이 섬에까지 들어와 예수를 믿는 문중경 전도사를 잡아다가 죽였다. 문 전도사의 삶은 이렇게 끝났다.

이분의 이름은 한국 역사책에 없다. 교회사 책에도 그렇게 잘 나오지 않는다. 그런데 놀라운 점은 문 전도사를 통해 예수님을 믿은 사람 중에 목사가 된 사람이 68명이나 된다는 사실이다. 그리고 더 놀라운 점은 그가 전도한 사람 중에는 지난 한국교회 부흥을 주도하고 교회에 엄청난 영향력을 끼친 분들이 계신다는 것이다.

기독교 상담학 분야의 일인자이셨던 정태기 박사, 성결교 부흥사였던 이만신 목사도 그분에게 전도를 받았고, 우리나라 대학교의 복음화에 앞장선 한국CCC 총재였던 김준곤 목사도 문 전도사에게 전도를 받았다. 그리고 그 김준곤 목사를 통해서 영향을 받은 사람 중에는 홍정길 목사, 이동원 목사, 옥한흠 목사, 하용조 목사도 있다.

한 사람의 영향력이 어마어마하다. 문증경 전도사가 사역하였던 증도는 한국교회 성지순례코스가 되어 있다. 문증경 전도사의 위대함은 그냥 전도만 하고 끝낸 것이 아니다. 문 전도사는 재생산하는 리더를 키운 것이다.

재생산하는 리더를 키우는 힘은 어디서?

요한복음 21장에는 예수님을 세 번이나 부인하고 도망갔던 베드로와 예수님의 만남이 나온다. 부활하신 예수님은 사역을 포기하고 낙담에 빠진 베드로에게 찾아오셔서 한 가지 질문만 세 번이나 반복하셨다. 그것은 네가 날 사랑한다면 네 어린양을 먹이라는 것이다. 어린양을 먹일 수 있는 조건은 단 한 가지다. 예수님을 사랑하면 된다. 예수님을 사랑한다면 어린양을 먹일 수 있다.

당신이 재생산하는 리더로 지쳤는가? 큰 실패를 하였는가? 당신이 아무리 큰 실패를 하였다 하더라도 예수님을 사랑하는 마음만 있다면 당신은 다시 재생산하는 리더로 설 수 있다. 당신이 재생산하는 리더로 실력이 없어도 된다. 먼저 예수님의 사랑을 당신의 마음에 가득 채우면 된다. 예수님을 사랑하는 마음이 가득한 자는 놀라운 일을 할 수 있다.

그날 이후 베드로의 인생은 달라졌다. 그는 초대교회를 이끄는 기둥이 되었다. 하루에 3천 명, 5천 명을 전도하는 강력한 리더가 되었다. 로마 황제들의 불같은 시험에도 흔들리지 않는 반석이 되었다. 베드로는 불후의 명작 베드로 전후서를 기록한 사람이 되었다. 이 세상에서 가장 위대한 일은 복음 전도이며 재생산하는 리더를 키우는 일이다.

당신은 재생산하는 자인가? 생산이 멈춘 자는 죽은 자이다. 아브라함은 100세에도 재생산하는 능력을 가지고 있었고 자녀를 낳았다. 우리 그리스도인에게 나이란 중요하지 않다.

죽는 순간까지 생명을 낳아야 한다.
당신의 마음속에 예수님이 있는가?
그렇다면 생명을 낳는 능력이 있다.
하나님은 당신 한 사람을 통해 가정을 살리고
교회를 살리고 온 민족을 살리길 원하신다.

이런 말이 난센스처럼 느껴지는가? 예수님은 열두 제자에게 모든 족속으로 제자를 삼으라고 말씀하셨다. 그건 정말 난센스다. 그들은 로마 원로원이 아니다. 그들은 로마 장군이 아니다. 그들은 이스라엘의 리더가 아니었다. 한낱 갈릴리 어촌의 어부에 불과한 자들이었다. 그러나 예수님의 말처럼 그 초라한 제자들은 온 세상에 복음을 전하는 자로 살았고, 그들 때문에 지금 온 세계에 주를 믿는 자들이 20억이나 된다.

예수님은 당신이 재생산하는 제자가 되어 온 세계를 변화시키는 리더가 되길 원하신다. 탈무드에 이런 말이 있다. "빛이 없다고 탓하는 네가 빛이 되라." 당신 주변에 좋은 리더가 없다고 탓하지 말라. 당신이 좋은 리더가 되라.

사람을 키우고 계발하는 일은

리더에 있어서 최고의 소명이다.

내가 한 알의 밀알로 죽는 것이

리더십 중에 최고의 리더십이다.

재생산하는 리더가 되려면?

1. 당신이 생각하는 예수님의 제자는 어떤 사람입니까?

2. 교회에서 재생산하는 리더가 부족한 이유는 무엇입니까?

3. 사람을 낚는 어부와 어린양을 키우는 목자는 어떤 차이가 있습니까?

4. 당신이 키운 리더는 몇 명입니까?

    그리고 당신은 평생 몇 명의 리더를 키울 생각입니까?

5. 리더가 탈진되었을 때 어떻게 하면 회복이 됩니까?

—

가치의 변화가
인생을 바꾼다

어떻게 가치가 변화되는가?

사람은 어떻게 가치를 가지게 되는가? 사람마다 각기 다른 가치를 가지고 있다. 가치란 고통을 통해서 형성된다. 어린 시절에 지독히 가난하게 자란 사람은 돈에 큰 가치를 두게 된다. 그래서 돈에 대한 강한 집착이 생기고, 돈에 인생 최고의 가치를 두고 살게 된다. 세상에 사는 평범한 사람들이 돈에 가치를 두는 것은 너무나 당연한 일이다. 건강에 어려움을 당한 사람은 건강에 굉장한 가치를 두게 된다. 그는 건강을 위해서는 무엇이든지 한다. 가정의 어려움을 경험한 사람은 건강한 가정에 대한 강한 가치를 가지게 된다. 분명 고통은 그 사람에게 어떤 가치를 형성시킨다.

나는 고등학교 2학년 시절에 배구를 하다 척추를 다친 적이 있었다. 그래서 나는 십대 후반에 많은 고통을 겪었고, 그 후 십대들을 소중히 여기며 청년들을 사랑하는 강한 가치가 생겼다. 그래서 「십대들을 위한 수필」이란 책을 쓰게 되었다. 나의 가치가 두란노 출판사에 가서 월간 〈새벽나라〉를 창간하고, 십대들을 위한 사역을 하게 되었다. 나는 그 뒤로도 청년들을 위한 사역을 계속하고 있다.

나는 가만히 생각해 보았다. 왜 나는 청년들 앞에 서면 가슴이 뛰고 신이 나며 살맛이 나는가? 그것은 내가 십대 시절과 청년 시절을 아픔으로 보냈기 때문이었다. 어떤 사람은 아버지가 가정을 버렸기에 자신은 참으로 좋은 아빠가 되고자 하는 비전을 가지고, 가정을 그 무엇보다 소중히 여기는 가치를 가지게 되었다고 하였다.

고통은 사람에게 가치를 가져다준다.
가치는 고통을 통해 형성된다.
가치는 고통 속에서 만들어진다.

벤자민 프랭크린은 이런 말을 하였다. "상처가 가르침을 준다." 우리는 나에게 생겨난 가치를 성경이라는 깔때기를 통과시켜 다시 건강한 가치로 바꾸어야 한다. 내가 가지고 있는 가치가 건강한 가치일 수도 있지만 나쁜 가치일 확률이 더 높다. 그러므로 우리는 우리의 가치를 성경적인 것으로 바꾸어 나가는 작업을 해야 한다.

가치는 고통이 가져다주기도 하지만 부모가 가치를 주는 경우도 많다. 어린 시절 누구와 같이 지냈느냐에 따라 가치는 전염된다. 정직한 사람과 오랜 시간을 보낸 사람은 정직이라는 가치를 가지게 되고, 사치스러운 사람과 오랫동안 지낸 사람은 사치와 외모에 가치를 두게 된다. 그래서 내 안에 나도 모르게 형성된 부정적인 가치를 부인하고 버리는 과정이 필요하다. 예수님을 따르는 자는 자기를 부인하여야 한다.

내가 버려야 할 가치가 무엇인지 조용히 생각해보라. 가치가 바뀌지 않으면 사람이 바뀐 것이 아니다. 아무리 교회를 오래 다녀도 가치를 바꾸지 아니하면 사람은 변하지 않고 종교적인 옷만 끼어 입은 사람이 된다. 사람이 바뀌려면 가치를 바꾸어야 한다. 돈을 끌어모으며 사는 사람은 돈을 나누어주고 섬기며 얻는 기쁨을 발견하여야 한다. 외모에만 관심을 가지고 사는 사람은 사람의 중심을 보시는 하나님을 보아야 한다. 60년에서 80년밖에 살지 못하는 이 세상에 가치를 두고 사는 사람은 영원한 땅에 가치를 두고 사는 사람이 되어야 한다.

이것은 금방 이루어지는 것이 아니다. 가치의 변화는 가치가 바뀐 사람과 같이 동행할 때 서서히 일어난다. 가치는 가치에 대한 설교를 한 번 듣는다고 변하는 것이 아니다. 자신과 친밀한 어떤 사람과 계속 같이 다니며 듣고 보고 따라하다 자기도 모르게 변하는 것이다. 성격이 급하고 불같은 요한이 예수님을 3년 반 따라다니다가 그의 가치에 변화가 왔다. 가치가 변하는 데는 오랜 시간이 걸린다.

요한은 사마리아인들이 복음을 거절하는 것을 보고 "하늘에서 천둥번개를 쳐서 저들을 죽여 버리소서"라고 했던 사람이었다. 그러나 그는 나중에 사랑의 사람이 되어 요한복음과 요한일이삼서를 기록했다. 특히 요한일서는 구구절절이 다 사랑에 관련된 내용이다. "사랑하는 자들아 우리가 서로 사랑하자. 사랑은 하나님께 속한 것이니." "자녀들아 우리가 말과 혀로만 사랑하지 말고 행함과 진실함으로 하자." 요한, 그는 사랑의 사람이 되었고, 복음만 전하는 사도가 되었다.

베드로는 예수님과 오랜 기간 같이 다니며 가치의 변화가 왔다. 그는 성격이 급한 사람이었다. 예수님과 오래 같이 다녔던 베드로는 베드로전서 4장 11절에서 "만일 누가 말하려면 하나님의 말씀을 하는 것같이 하고 누가 봉사하려면 하나님이 공급하시는 힘으로 하는 것같이 하라"고 말하고 있다. 그의 성품에 엄청난 변화가 왔다. 그는 베드로후서에서는 "신성한 성품에 참여하는 자가 되라"(벧후 1:4)고 말한다. 베드로는 자신도 모르는 사이에 예수님의 인품을 닮아가고 있었던 것이다.

의사 누가는 바울의 주치의로 바울을 따라다니다가 가치의 변화가 왔다. 그는 바울이 가는 곳마다 동행하였다. 그는 바울이 복음을 전하는 곳에 일어나는 기적을 보았다. 그는 의사로서 설명할 수 없는 치유를 목격하였다. 그는 바울이 무엇을 위해 사는지 보았다. 그는 바울의 가장 큰 관심이 무엇인지를 알게 되었다. 그는 바울의 진정한 가치가 무엇인지를 알았다. 그래서 그도 바울처럼 결혼도 하지 않고 복음을 전하는 사도의 인생을 살았다.

마가도 사람을 만나 큰 가치의 변화가 일어났다. 마가의 어머니는 120명의 성도들을 자기 집에 모이게 하였다. 그녀는 오순절 다락방의 성령이 임하는 기적의 장소를 제공한 여성이다. 그녀는 자신의 아들 마가가 영적으로 큰 인물이 되길 원하였다. 마가는 자신의 집에 오고가는 사도들을 보았다. 그는 수시로 방문하는 베드로도 만나고 요한도 만났다. 오순절 날 성령이 임하는 날 방언을 하는 놀라운 일을 목격하였다. 부잣집 아들인 마가는 어머니의 잔심부름을 하면서 믿음이 자라났다. 마가의 어머니는 자신의 동생인 바나바에게 아들 마가를 부탁하여 바울과 함께하는 전도여행을 따라가게 하였다.

부잣집 아들인 마가는 전도여행을 하면서 당하는 어려움과 이곳저곳 옮겨 다니면서 겪는 어려움을 견디지 못하고 중간에 탈락하여 예루살렘으로 돌아가고 말았다. 이것에 화난 바울을 다음 전도여행 때 마가를 뺐다. 하지만 인품이 좋은 바나바가 다시 마가를 데리고 전도여행을 떠났다. 마가는 나중에 베드로를 만나 영적인 큰 영향을 받았다. 그는 베드로의 영향을 받아 역사적으로 전무후무한 마가복음을 집필하게 되었다. 마가의 가치가 하루아침에 변한 것이 아니다. 베드로와 함께한 오랜 시간이 마가를 영적인 거장으로 만들었던 것이다. 사람이 누구와 함께 시간을 보내는가는 너무나 중요한 일이다. 당신은 요즘 누구와 시간을 보내고 있는가?

가치의 변화는 오랜 시간이 필요하다

가룟 유다는 가치의 변화가 일어나지 않았다. 그는 예수님을 3년이나 따라다녔지만 여전히 유명과 돈에 가치를 두었다. 그가 자살로 끝난 것이 비참한 것이 아니라 그의 머리 안에 여전히 돈과 유명이 가치로 있었다는 것이 비참한 것이었다. 가룟 유다를 제외한 예수님의 제자들은 다 가치의 변화가 일어났다. 그들의 가치는 영원한 땅이며 복음을 전하는 것이었다.

만약 예수님께서 공생애 기간 동안 좋은 집을 갖는 데 시간을 많이 투자하시거나 높은 권력을 잡는 데 시간을 많이 투자하셨다면 제자들은 결코 복음을 전하는 자가 되지 못했을 것이다. 제자들은 예수님의 가치를 손으로 만지고 직접 눈으로 보고 귀로 들었다. 그들은 예수님께서 무엇을 위해 사시는지 알았다. 그들은 예수님의 가치를 본 자들이다.

정말 예수님과 동행하는 사람은 가치에 변화가 온다.
정말 예수님의 음성을 듣는 사람은 가치가 달라진다.

우리는 세상적인 가치에서 성경적인 가치로 변해야 한다. 잠깐 다시 예수님에게 사탄이 유혹하였던 시험을 생각해보자.

첫째, 돌로 떡으로 만들어 먹으라는, 돈을 만들라는 사탄의 가치를 거절하고 나누어주고 어려운 사람을 도와주는 데서 오는 기쁨을 맛보아야 한다.

둘째, 높은 성전에서 뛰어내려 사람들의 박수갈채를 받으라는 사탄의 가치를 거절하고, 이름도 빛도 없이 섬기며 사는 기쁨을 맛보아야 한다. 사람들의 칭찬이나 인기는 우리의 가치가 아니다.

셋째, 사탄에게 절하여 세상의 것을 다 가지라는 사탄의 가치를 거절하고, 하나님만 경배하는 것으로 만족하는 가치를 가져야 한다. 세상의 모든 것을 갖는 일에 가치를 두는 사람은 하나님을 사랑하는 일이 최고의 부라는 사실을 알아야 한다.

이런 가치의 변화는 하루아침에 이루어지는 것이 아니다. 가치의 변화는 많은 시간이 필요하다. 가치는 오랜 시간에 걸쳐 서서히 변해간다. 한 교회의 가치는 교회 리더들의 가치로 결정된다. 하나님으로 만족하고 복음을 전하는 것을 가치로 사는 사람은 그 마음 속에 하나님의 충만한 것으로 충만하게 될 것이다. 우리는 "하나님의 생각이 내 생각이 되고 하나님의 목적이 내 목적이 될 때까지 변해야 한다." 이 시대는 하나님의 가치로 가득한 사람에 갈급하고 있다.

짐 엘리엇을 아는가?

여기서 우리가 본받아야 할 가치를 가지고 산 사람을 소개하고자 한다.

1956년 미국 전역을 큰 충격으로 몰아넣었던 사건이 있다. 짐 엘리엇을 비롯한 5명의 젊은이가 신학교를 마치고 간단한 짐만 챙긴 채 남미의 에콰도르라는 나라로 선교를 떠났다. 한 번도 복음이 전해지지 않은 이곳에 엘리엇과 5명의 친구가 찾아간 것이다. 에콰도르라는 나라에는 아쿠아족이라는 잔인하고 독하기로 이름난 원주민들이 살고 있었다.

조그만 비행기를 타고 해변에 내린 이들이 해변가에 텐트를 치고 아쿠아족에게 복음을 전하기 위해 준비를 시작한 지 닷새째 될 무렵, 선교 본부에서는 이들에게서 소식이 없자 혹시 하는 생각에 비행기를 보내 보았다. 그런데 바로 그곳 해변에서 다섯 명의 청년이 무참하게 살해된 것을 발견했다. 해변가에 그들의 시체가 피를 흘리며 쓰러져 있었다. 그런데 한 가지 이상한 점이 있었다. 그들의 주머니에는 권총이 들어 있었던 것이다.

이들은 자신의 신변을 보호할 수 있었음에도 불구하고 총을 뽑지 않고 그대로 죽은 것이다. 〈라이프〉지와 〈타임〉지는 이 사실을 보도하면서 그 기사의 타이틀을 "What a Waste!"(이것이 무슨 낭비인가!)라고 했다. 이 젊은이들이, 이 장래가 촉망되는 젊은이들이 도대체 무엇 때문에 멀리 남미까지 가서 제대로 일도 못하고 쓸데없는 죽음을 당했느냐는 것이다.

한 기자는 짐 엘리엇의 아내인 엘리자베스에게 인터뷰를 하면서 남편의 죽음은 낭비라고 말하자, 그의 아내가 그 기자에게 이렇게 항의했다. "낭비라니요? 왜 그런 말씀을 하십니까? 나의 남편은 어렸을 때부터 이 순간을 위해 준비했던 사람입니다. 내 남편은 이제야 그 꿈을 이룬 것뿐입니다. 이후로 다시는 내 남편의 죽음을 낭비라고 말하지 마십시오."

나중에 짐 엘리엇이 시카고에 있는 휘튼대학교 기숙사에 있을 시절부터 적었던 글과 일기들이 공개되었는데, 그의 아내가 그것들을 모아서 출간했다. 그 속에는 깜짝 놀랄 만한 말들이 적혀 있었다. 그 글을 적을 당시 엘리엇은 겨우 열아홉 살이었다. 순교할 당시 그의 나이가 29세였는데, 그렇다면 그로부터 10년 전에 그 글을 썼다는 것이다. 대학교 2학년 말이었다. 엘리엇은 다음과 같은 말로 글을 시작했다.

"하나님, 제가 감히 하나님께 기도합니다. 이 부족한 나무토막 같은 나의 인생에 주여, 불을 붙여주소서. 제가 주를 위해 탈 수 있도록. 나의 삶을 주께서 소멸시키십시오. 이 몸은 주의 것입니다. 나는 오래 사는 것을 원치 않습니다. 완전하고 풍성한 삶을 원합니다. 바로 주님과 같이…."

"주님, 성공하게 하소서, 높은 자리에 오른다는 뜻이 아니라 제 삶이 하나님을 아는 가치를 드러내는 전시품이 되게 하소서."

그는 스물두 살의 일기장 한구석에 이런 글도 적어놓았다.

"잃어버릴 수 없는 것을 얻기 위해 지킬 수 없는 것을 포기하는 자는 결코 바보가 아니다."

아무리 지키려고 하여도 지킬 수 없는 것이 무엇인가? 우리의 생명, 가족, 재산, 명예 같은 것이다. 아무리 지키려고 해도 지켜지지 않는 세상의 것들을 위해 영원한 것을 버리는 어리석음을 범하지 않겠다는 뜻이다. 예수님을 위해, 영원한 천국을 위해 이 세상의 모든 것을 기꺼이 버리겠다는 말이다. 그는 하나님의 가치가 그의 가치가 되길 원했고, 그 가치를 위해 살다가 그 가치를 위해 죽기를 원했다.

그는 에쿠아도르에 가기 전에 이런 글을 썼다.

"당연히 누려도 되는 것을 그분을 위해 포기할 수 있는 특권을 주신 하나님께 감사드린다."

"내게는 일편단심과 단순함이 필요하다. 보배도 하나, 시선도 하나, 주님도 하나면 된다."

짐 엘리엇이 휘튼대학을 다닐 때 남긴 일기는 정말 감동을 준다.

"하나님께 기도합니다. 이 쓸모없는 나무개피에 불을 붙여주소서. 그리고 주를 위해 타게 하소서. 나의 삶을 소멸하소서. 나의 하나님이여, 이것은 주의 것이니이다. 나는 오래 살기를 원치 않습니다. 오직 풍성한 삶을 살게 하소서. 당신과 같이 주 예수님이여…"

사람들은 짐 엘리엇과 같은 사람들을 미쳤다고, 어리석다고 말한다. 적당히 믿어야 된다고 한다. 그러나 짐 엘리엇은 이미 열아홉 살 때 알았다. 우리의 영원한 삶을 향한 갈망이 결코 어리석은 것이 아님을….

그의 이야기는 여기서 끝나지 않았다. 이 젊은이들의 아내 다섯 명은 한두 살밖에 안 되는 어린아이들을 부둥켜안고 남편이 순교한 그 나라를 찾아갔다.

"우리 남편들이 못 다한 일을 우리가 마저 해야 한다."

그들은 복음을 들고, 그 잔인하기 짝이 없는 아쿠아족을 찾아 나선 것이다. 그래서 아쿠아족들이 예수님을 만나게 되었다. 언젠가 그 당시 아쿠아족의 추장이었던 사람이 빌리 그레이엄이 주도하는 한 예배에서 간증을 했다.

"우리는 그분들에게서 복음을 받고 하나님을 믿게 되었습니다. 그 젊은이들의 희생이 아니었다면 우리는 아직도 어둠 속에서 그렇게 살고 있었을 것입니다. 그분들의 죽음으로 인해 우리는 빛을 보게 되었습니다. 우리도 오래 살기를 원하지 않습니다. 주님처럼, 그분들처럼 살기를 원합니다."

짐 엘리엇을 비롯한 5명의 젊은이, 이들의 죽음은 헛된 죽음이 아니었다. 그들의 순교 소식은 순식간에 전 세계에 퍼졌다. 그 당시는 선교사들이 전 세계로 나가지 않았을 때였다. 그 사건 이후 전 세계에 있는 기독 젊은이들이 선교사로 헌신하기 시작했다. 순식간에 전 세계에 선교의 불길이 붙었다. 하나님은 이들의 죽음을 선교의 불길로 사용하셨다.

> "잃어버릴 수 없는 것을 얻기 위해 지킬 수 없는 것을 포기하는 자는 결코 바보가 아니다." _ 짐 엘리엇

정말 예수님과 동행하는 사람은

가치에 변화가 온다.

정말 예수님의 음성을 듣는 사람은

가치가 달라진다.

가치가 변화려면?

우리는 매일 새로운 하루를 맞이한다. 과거는 이제 중요하지 않다. 문제는 남은 인생을 어떻게 사는가이다. 우리 인생에는 다시 시작할 일이 많다. '언젠가는 소중한 일을 할 수 있는 날이 오겠지'라고 막연하게 생각하며 자신을 속이지 말라. 어떤 사람은 암 진단을 받고 인생의 참 가치를 정한다. 오늘 중요한 결단을 하라.

1. 지금 당신이 가장 소중하게 생각하는 가치가 무엇입니까? 당신의 우선순위를 정직하게 다시 적어보세요.

   1)

   2)

   3)

   4)

   5)

   ※ 〈가치 나눔터 1〉에서 정한 우선순위와 비교해 보세요.

2. 당신은 정말 어떤 유산을 남기고 싶습니까?

3. 지금까지 살면서 당신 때문에 생명을 얻게 된 사람의 이름을 적어보세요.

4. 시간을 어떻게 보낼 것인지, 누구와 시간을 보낼 것인지, 돈을 어디에 써야 할 것인지를 나누어 보세요.

5. 이 책을 읽으며 은혜받았던 내용을 나누어 보세요.

사람에게 인생을 살 기회는 단 한 번밖에 없다. 한 번 지나온 길은 돌이킬 수도 없고, 다시 걸어갈 수도 없다. 오늘이라는 하루는 인생에 한 번밖에 없다. 그러므로 오늘 하루를 잘 사용해야 한다. 우리 인생에서 가장 가치 있는 일은 무엇인가? 사람마다 다를 것이다. 돈, 학력, 성공, 안락함, 명성, 세상의 만족, 재미, 취미 등. 그러나 인간의 최고 가치는 사람에게 투자하는 것이다. 옷을 사는 것에 돈과 시간을 사용하면 잠깐의 기쁨을 준다. 하지만 그 돈과 시간을 사람에게 사용하면 그 가치는 영원하다.

모세는 나이 마흔에 돈, 쾌락, 권력에 대한 모든 가치를 거절하고 광야로 갔다. 그는 진정한 가치가 무엇인지 알았기 때문이다. 인생의 참 가치를 일찍 깨닫는 것은 축복이다. 당신 인생에 가장 의미 있고 소중한 만남이 무엇이었는가? 예수님을 만난 것이다. 그렇다면 그 소중한 만남을 아직도 모르는 사람들에게 전하는 것이 가장 중요한 일이다.

우리가 이 땅에 존재하는 이유는
복음을 전하기 위함이다.

가끔 성도들에게 불신자를 위해 시간을 내라고 부탁하면 시간이 없다고 한다. 하지만 영화를 보러 가자고 연락하면 금방 시간을 낸다. 그 사람은 불신자 구원보다 영화가 더 소중한 사람이다. 죽어가는 한 영혼을 살리는 일이 영화 한 편보다 못하다면 그의 가치에 큰 변화가 일어나야 한다. 목사가 존재하는 이유는 심방하기 위함이 아니라 복음을 전하기 위함이다. 교회가 존재하는 이유는 복음을 전하기 위함이다.

교회는 복음을 전하는 방주이다. 교회는 관광객을 태우고 놀러 다니는 유람선이 아니다. 교회는 사람을 낚는 어선이거나 죽어가는 영혼을 구하는 구명선이다. 다른 사람이 모두 바다에 빠져 죽어가고 있는데, 배 안에서 노래나 부르고 파티만 즐기고 있다면 우리는 당연히 질책받아야 한다. 가치 있는 일에 우리의 시간과 재정을 사용해야 한다. 위대한 일을 하려면 세속적인 일을 버려야 한다. 새로운 길을 가기 위해서는 먼저 새로운 가치를 세워야 한다. 불신자를 위해 시간과 돈을 사용한다면 당신은 하나님에게 가장 소중한 인물이 될 것이다.

2000년도에 들어와서 한국교회의 성장이 멈추었다. 교회는 불신자들이 교회로 들어오고 성장하기보다 다른 교회 교인들의 위치 이동으로 이루어지고 있다. 슬픈 일이다. 이젠 불신자들이 교회에 밀려들어 와야 한다. 그러려면 교회마다 패러다임 변화가 일어나야 한다. 모든 교인의 핵심 가치가 변화되어야 하고, 모든 교회의 핵심 가치가 변화되어야 한다.

하나님께서 마지막 시대에 셀교회라는 강력한 도구를 우리에게 주셨다. 한국교회에 셀교회가 알려진 것은 참으로 크나큰 축복이다. 셀교회 교인들은 모두 불신자 전도에 가치를 두고 있다. 모든 교인이 1년에 3명의 V.I.P(전도 대상자)를 가지고, 1년 내내 간절히 기도하며, 그들을 만나고, 그들에게 관심과 사랑을 둔다. 1년에 3명이 전도된다면 10년이면 30명, 60년이면 180명을 전도하게 된다. 내가 전도한 사람이 약 200명이라면 정말 죽어도 여한이 없을 것이다. 이런 사람은 죽음을 두려워하지 않을 것이다. 그에겐 별처럼 빛나는 상급이 기다리고 있을 것이다.

다니엘서 마지막 장인 12장 3절에 보면 "많은 사람을 옳은 데로 돌아오게 한 자는 별과 같이 영원토록 빛나리라"고 약속하고 있다.

복음을 전하는 핵심 가치로 사는 사람은
하나님의 눈에 영웅으로 비칠 것이다.

하나님은 오늘도 천국의 영웅을 찾고 계신다.

우리가 인생을 마치고 하나님 앞에 섰을 때 하나님께서 "너는 인생을 참으로 가치 있게 살았구나. 너 같은 자는 인생을 한 번 더 살았으면 좋겠다." 이런 말을 들을 수 있는 삶을 살아야 한다. 그것이 아니고 우리가 하나님 앞에 섰을 때 "너는 이 세상에 있을 때 나에게 아무런 도움이 안 되었다. 너는 사나 마나 한 인생을 살았지" 하는 책망을 듣는다면 참으로 슬픈 인생일 것이다.

이제 진정으로 가치 있는 일에
시간과 돈을 사용하라.
우리는 이 땅에서가 아니라
천국에서 갈채를 받는 자로 살아야 한다.